# Ochsenweg

Der Fernradwanderweg „Ochsenweg“ ist ideal geeignet, um Schleswig-Holstein zu entdecken. Auf rund 540 Kilometern folgt er dem Verlauf des historischen Heer- und Ochsenweges, einem der ältesten Fernwege Nordeuropas. Vom dänischen Viborg bis nach Wedel bei Hamburg führt die Strecke durch die abwechslungsreiche Landschaft Schleswig-Holsteins.

Mittelalterliche Heere marschierten auf ihm zu ihren kriegerischen Auseinandersetzungen. Pilgern und Kaufleuten bot er Orientierung auf der Reise von Norden nach Süden. Seinen Namen erhielt er von den Ochsenherden, die im Mittelalter von Nordeuropa nach Wedel, wo es einen der bedeutendsten Ochsenmärkte der damaligen Zeit gab, getrieben wurden. Bis zu 50.000 Ochsen waren in Spitzenzeiten auf dem Weg unterwegs.

Wissenschaftler haben den Verlauf der alten Trassen erforscht. Das war die Voraussetzung für den Fernradwanderweg „Ochsenweg“. Von der dänischen Grenze führt die Strecke über Flensburg, Schleswig und Rendsburg nach Jevenstedt. Dort teilt sich der „Ochsenweg“ in zwei verschiedene Routen, die beide in Wedel enden. Die eine verläuft über Nortorf, Neumünster, Bad Bramstedt und Barmstedt. Die andere über Hohenwestedt, Itzehoe und Elmshorn.

Nicht nur die landschaftlichen Reize mit den vielen Naturschönheiten gilt es zu entdecken. Hochmoore, Heidelandschaften, Auen, Wälder und Wiesen wechseln sich ab. Der „Ochsenweg“ ist zugleich eine Zeitreise mit dem Fahrrad. Er führt in die Welt der Wikinger, des Mittelalters und der frühen Neuzeit. An seinem Verlauf liegen das Danewerk, das größte archäologische Denkmal Nordeuropas und Haithabu, der bedeutendste Handelsplatz der Wikinger. Zahlreiche Museen und Sehenswürdigkeiten entlang der Strecke laden zu einer Pause ein, um Historisches näher kennenzulernen. Zahlreiche Unterkünfte ermöglichen eine komfortable Übernachtung. Wer es rustikaler mag, ist in einer Heuherberge gut aufgehoben.

Sie können den „Ochsenweg“ von Norden nach Süden oder umgekehrt befahren. Die Strecke ist in beide Richtungen gut ausgeschildert. Oder Sie steigen an einem der Teilstücke aufs Fahrrad. Ob Tagestour oder mehrtägige Radwanderung: die Fahrt auf dem „Ochsenweg“ ist immer ein Erlebnis.

Die Entdeckungsreise lässt sich in Dänemark fortsetzen. Dort heißt der „Ochsenweg“ „Hæervejen“ (Heerweg) und ist die nationale Radwanderroute Nr. 3.

D1921165

**Inhaltsverzeichnis**

# Routen- und Blattübersicht

Stadtplan-ausschnitt

6 Kartenblatt 1:75 000

Ochsenweg

Bahnlinie

Autobahn

Bundesstraße

Staatsgrenze

Kanal

Fluss

Binnensee/Meer

größere Städte

kleinere Städte

## BVA-Kompakt-Spiralos: kompakt, kreativ, kompetent

**Optimale Handlichkeit „on tour"**, dazu alle Infos für die Radreise.

**„Ziel-sicher" ankommen:** doppelseitige Karten, durchgängig genordet (Norden= oben, Süden=unten), mit ausgewählten Straßennamen.

**Was gibt's zu sehen:** Die Sehenswürdigkeiten im Kartenteil entlang der Route auf einen Blick, knapp und „auf den Punkt" beschrieben.

**Detaillierte Tourplanung:** leicht gemacht durch Kilometrierung der Route.

**Reiselust ohne Kartenfrust:** ganz einfache Standortbestimmung beim Kartenwechsel durch Verweispfeile und Markierung der Anschlusskarten.

**Tourguide:** ein separater, ausführlicher Bild- und Textteil liefert Informationen zum „Sightseeing on tour" für die optimale Vor-/Nachbereitung.

**Daheim und unterwegs:** praktisches Querformat mit Spiralbindung und Buchrücken - ideal fürs Bücherregal und für die Lenkertasche.

# Zeichenerklärung

## Radwegenetz

- Ochsenweg — Routenführung/Hauptroute
- Exkurse und/oder alternative Wegeführung/Abstecher
- 4,6 — Kilometrierung
- Schlechte Wegstrecke, sandige Abschnitte
- Spurplattenweg
- R1 — Überregionale Radwanderwege
- Verlauf der historischen Trasse des Ochsenweges
- 10 — Hinweis auf das Anschlussblatt
- Markierung der Anschlusskarte
- Gefahrenstelle

## Relief

- Ruschberg 205, •64 — Berg mit Höhenangabe/Höhenpunkt

## Information und Rast

- Tourist-Information
- Rastplatz
- Campingplatz, Zeltplatz
- Jugendherberge(DJH)
- Gasthaus (routennah, außerorts)
- direktvermarktender landwirtschaftlicher Betrieb mit "ab Hof Verkauf"
- Bauernhofcafe, Einkaufsmöglichkeit
- Hotel (Auswahl)

## Freizeit, Spiel und Sport

- Freibad, Badesee, Hallenbad
- Fahrradverleih, Fahrradreparaturmöglichkeit

## Sehenswürdigkeiten

- Museum
- S1 — Besondere Sehenswürdigkeit
- 3/1 — Geschichte und Landeskunde

## Topographische Einzelzeichen (in Auswahl)

- Kirche, Kloster/sehenswert
- Schloß, Burg/sehenswert
- Ruine Kirche, Kloster
- Ruine Schloß, Burg
- Denkmal/sehenswert
- Mühle
- Windmühle, Windrad
- Turm, funktechnische Anlage
- Brücke/Höhle
- Stadion/Friedhof
- Flugplatz

## Verkehrsnetz

Autobahn mit Anschlussstelle

Fernstraße

Hauptstraße, Nebenstraße

Sonstige Straße, Feldweg

Bahnlinie mit Bahnhof

## Gewässer

Binnensee

Fluss/Kanal
mit Fließrichtungspfeil

Fährverbindung

Anlegestelle für Schiffsverkehr
mit Fahrradmitnahme

## Flächen

Bebauung

Industriegebiet

Wald

Sumpf

**Neuauflage 2008**

**Ravensberger Str. 10 F, 33602 Bielefeld**
**www.fahrrad-buecher-karten.de**

**Herausgeber:** BVA Bielefelder Verlag GmbH & Co. KG, Bielefeld; RABS gGmbH, Rendsburg, Geschäftsführung: Stephan Plath und Wolfgang Egert sowie Schleswig-Holstein Binnenland Tourismus e.V., Glückstadt, Geschäftsführung: Olaf Prüß

**Redaktion/Mitarbeit:** 1. Auflage: Walter Bräker, Michael Floors, Dr. Bernd Zich, Stephan Plath, Herbert Schauer, Monika Brummer, Sven Büsscher; Neuauflage: Johanna Schauer, Ester Sobisiak, Monika Heise

**Fotos:** Peter Ludwig Hahne / Inter-Litora Verlag; Michael Floors, Anke Wried, Herbert Schauer, Stephan Plath / RABS gGmbH, Rendsburg; Stadt Rendsburg; Nyt Nordisk Forlag, Arnold Bosck, Kopenhagen; Linda Hermannsen / Archäolog. Landesamt, Schleswig; Archäolog. Landesamt, Schleswig; Studio Berthold, Stadt Elmshorn; Stadt Uetersen; Oliver Franke; Werner Kuberka; Stadt Neumünster; Tourismusbüro Bad Bramstedt; Regionalmanagement Holsteiner Auenland; Unterelbe Tourismus e.V.



**ISBN 978-3-87073-441-1**

**Ergänzende Informationen und Serviceleistungen:**

RABS gGmbH Rendsburg,
www.ochsenweg.de,

NaturFreunde Schleswig-Holsteins e.V.,
www.naturfreunde-sh.de,

Arbeitsgemeinschaft Ochsenweg e.V.
www.ochsenweg-ev.de

**Maßstab 1: 75 000**

0 1 2 3 km

1 cm in der Karte ≙ 750 m in der Natur
1 km in der Natur ≙ 1,33 cm in der Karte

Der Ochsenweg kann in Dänemark bis Viborg weitergefahren werden. Er heißt dort Hærvejen bzw. Heerweg (Nationale Radwanderroute Nr. 3) und beginnt in Padborg (Pattburg). Für den Grenzübergang in Pattburg oder Kupfermühle halten Sie bitte die Personalausweise bereit.

Karten in deutscher und dänischer Sprache erhalten Sie bei: Dansk Cycklist Forbund, Rømers Gade 7, 1362 København, Tel. (int. +45) 33 32 31 21, Fax (int. +45) 33 32 76 83

## Dänische Grenze - Oeversee

**Geschichte und Landeskunde**

1/1 „Alter Ochsenweg", Straße von Padborg (Pattburg) nach Jarplund.

1/2 Simondys: Hügelgräber aus der Zeit von 3.500 bis 1.000 v. Chr. (Jungstein- und ältere Bronzezeit).

1/3 Der „Diebsweg", Teil der westlichen Trasse des alten Fernweges.

1/4 Rekonstruiertes Großsteingrab („Dolmen"), lag ursprünglich im Grabhügel „Rovhøj" einige hundert Meter östlich.

1/5 Gaststätte Schäferhaus, geht auf eine Schäferei (1719 zurück, ab 1722 königlich privilegierter Ochsenweg-Krug.

1/6 „Neuer Holzkrug" am alten Wegekreuz der westlichen Trasse des alten Fernweges mit dem Husumer Weg.

1/7 Margarethenweg, angeblich alter Knüppelsteg oder Bohlenweg, Teil der westlichen Trasse des alten Fernweges.

1/8 „Der Krumme Weg", alter Weg von Bov nach Flensburg

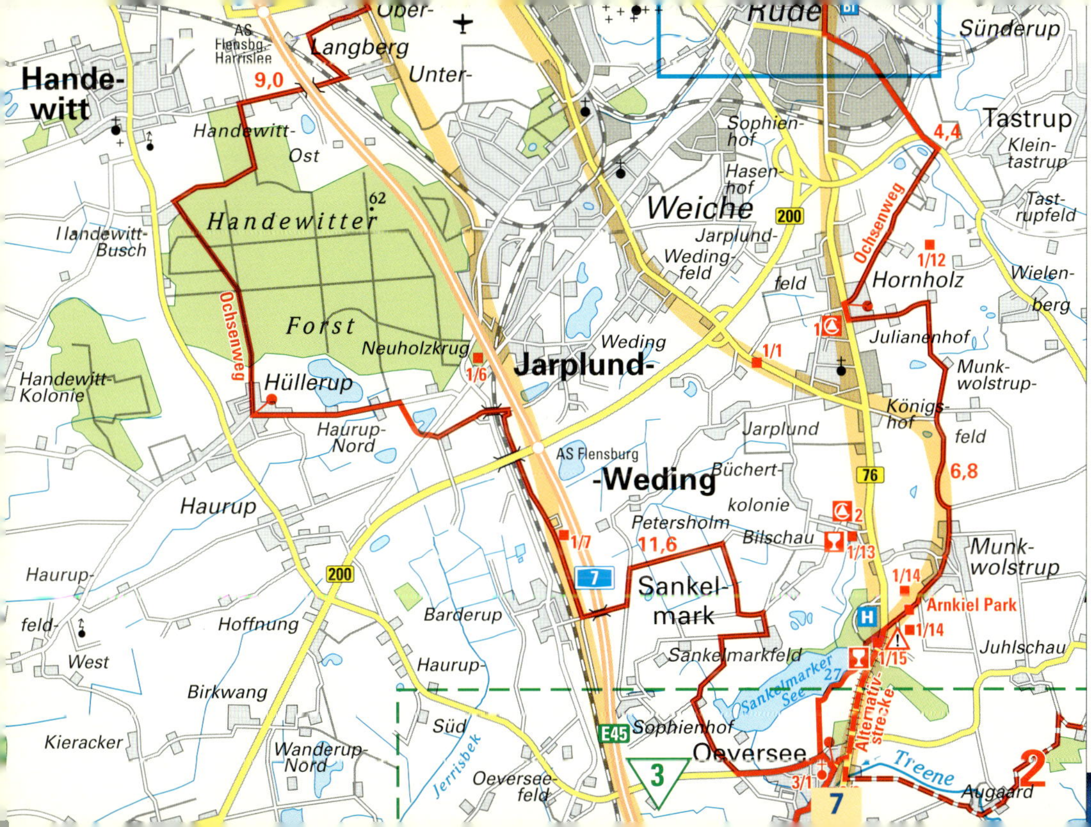


1/9 Ehem. Burg Niehuus (1350-1431), Zollstelle und Furt an der Krusau.

1/10 Durch einen Gletschervorstoß der letzten Eiszeit entstandenes Tal, sog. Tunneltal.

1/11 Ungefährer Standort einer alten Wallfahrtskapelle, nach der Reformation abgerissen.

1/12 Ruethstein: Ehem. Deckstein eines Großsteingrabes mit Sprenglöchern. Sprengung fand nicht statt.

1/13 Bilschau-Krug: Seit 1582 Gasthaus. Bedeutende Stätte der deutsch-dänischen Kriege (1848-50 u. 1863-64) mit zahlreichen Sehenswürdigkeiten.

1/14 Gräberfeld von Munkwolstrup: Grabstätten aus der Zeit von 3.500-3.000 v. Chr. (Jungsteinzeit).

1/15 Der Engpass von Sankelmark, Kampfesstätte von 1864. Denkmäler für die Gefallenen des Gefechtes vom 6.2.1864.

**Camping:**

C1 Campingplatz Jarplund, 24941 Flensburg
Tel. 0461-979024

C2 Campingplatz Bilschau, 24988 Sankelmark,
Tel. 04630-457

**Stadt Flensburg siehe Karte A**

**Weitere Informationen auf Seite 60f**

## Stadt Flensburg

### Geschichte und Landeskunde

2/1 Bergmühle: restaurierte alte Flensburger Mühle.

2/2 Nordertor von ca. 1595, ehem. nördlicher Stadtzugang.

2/3 Duborg-Skolen, einziges dänisches Gymnasium südlich der Grenze, 1928-30 am Standort der ehemaligen Duburg erbaut.

2/4 Museumshafen

2/5 Toosbüystraße, vollständig erhaltene Straße mit Häusern im Jugendstil; Kulturdenkmal.

2/6 St. Marien, spätgotische Backsteinkirche des 13. Jh.

2/7 Kompanietor zum einstigen Hafen.

2/8 Nordermarkt mit Schrangen.

2/9 St. Nikolai, Flensburgs Hauptkirche am Südermarkt.

2/10 St. Johannis, Hallenkirche der Renaissance, geht auf eine romanische Kirche zurück.

2/11 Alter Friedhof, im südlichen Teil Gräber von Gefallenen der deutsch-dänischen Kriege.

2/12 Christiansen-Park, historische Parkanlage.

### Sonst. Sehenswürdigkeiten, Erlebnis:

S1 Phänomenta Naturwissenschaftliches Lernzentrum, Norderstr.159, 24937 Flensburg, Tel. 0461-144490

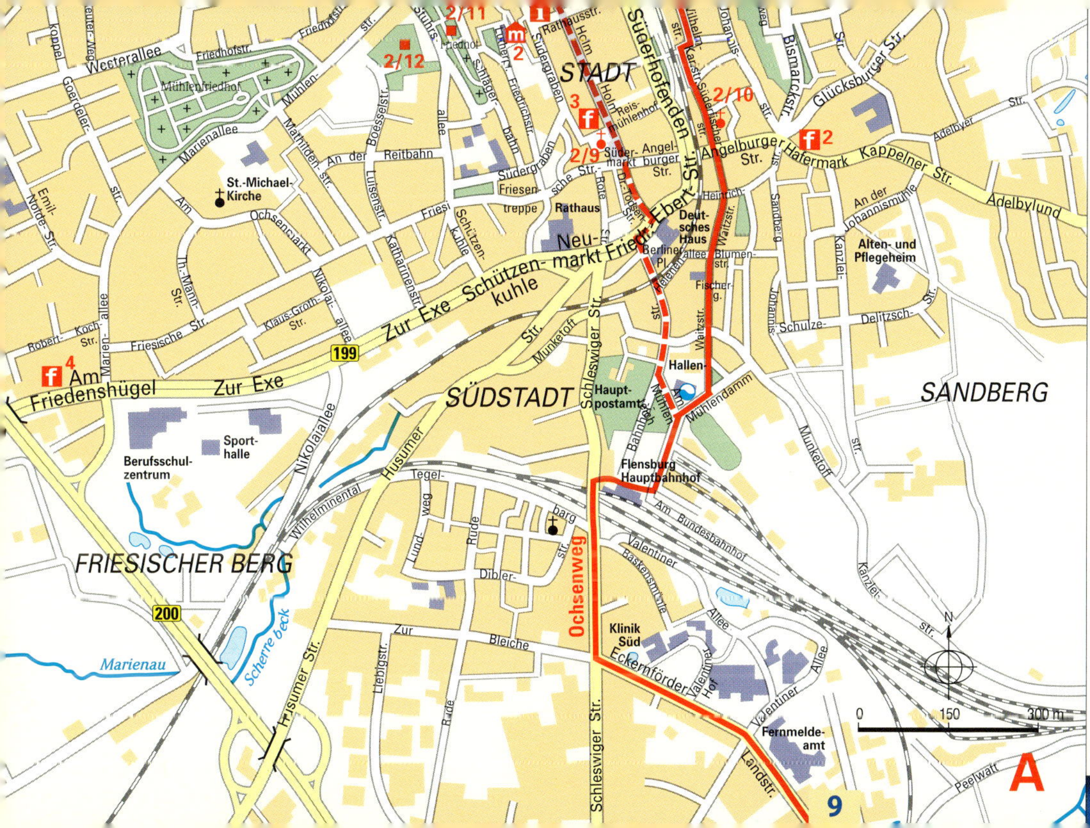


## Museen:

M1 Bergmühle-Museum,

M2 Städtisches Museum und Naturwissenschaftliches Heimatmuseum, Museumsberg, 24937 Flensburg, Tel. 0461-852956

M3 Schifffahrtsmuseum und Rum-Museum, Schiffbrücke 39, 24939 Flensburg, Tel. 0461-852970

## Unterkünfte / Infos:

Flensburg Fjord Tourismus GmbH, Rathausstr. 1/Am ZOB, 24937 Flensburg, Tel.: 0461-9090920, Fax: 0461-9090936, info@flensburg-tourismus.de, www.flensburg-tourismus.de

## Jugendherberge:

Jugendherberge, Fichtestr. 16, 24943 Flensburg, Tel. 0461-37742, Fax 0461-312952

## Fahrradverleih und -reparatur:

F1 Velopedes, Neustadt 7, 24939 Flensburg, Tel. 0461/46699

F2 Fahrrad Petersen, Hafermarkt 19, 24943 Flensburg, Tel. 0461-141310

F3 Fahrrad Meyer, Holm 59, 24937 Flensburg, Tel. 0461/24438

F4 Rad ab!, Robert-Koch-Str. 31, 24937 Flensburg, Tel. 0461-53553

Weitere Informationen auf Seite 62

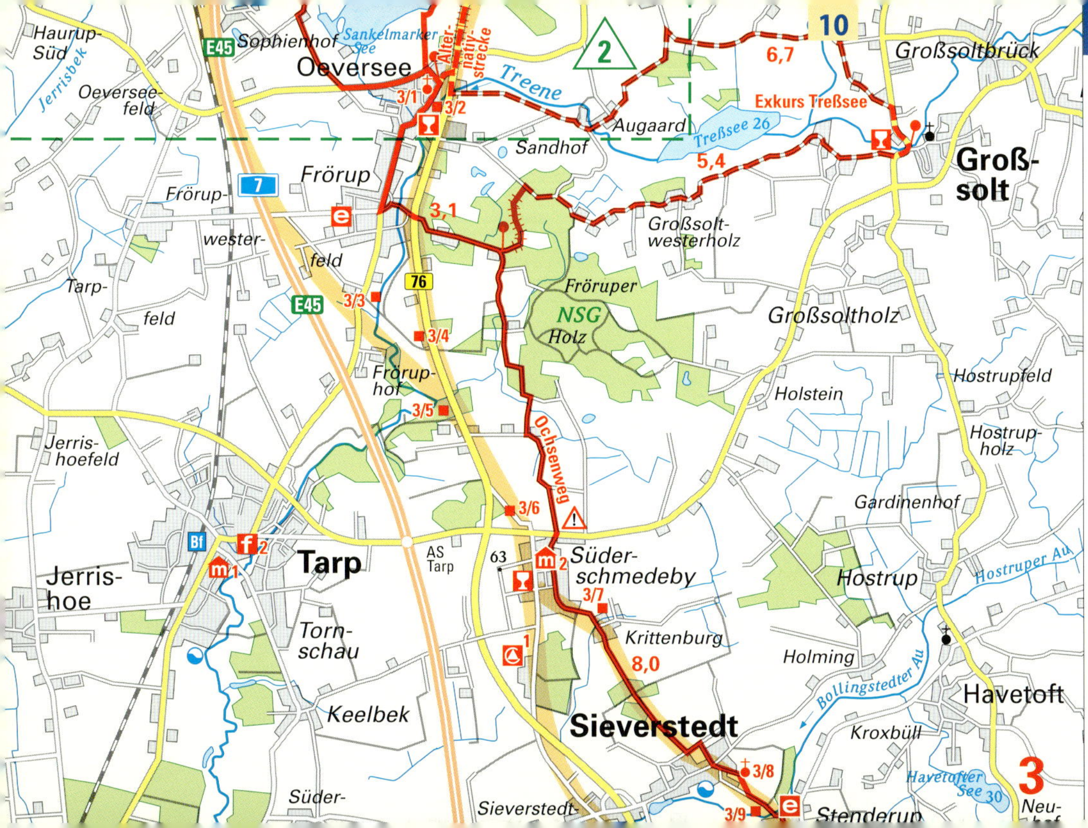


# Oeversee - Idstedt

## Geschichte und Landeskunde

3/1 Oeversee: Kirche mit rundem Feldsteinturm, 12. Jh.

3/2 Oeversee: Historischer Krug von 1519. Diente nach dem Gefecht von Sankelmark als Lazarett.

3/3 Tondernweg. Alter Weg nach Tondern mit Treene-Furt.

3/4 Frörup-Hof, Tinghøje: Tingstätte an zwei Grabhügeln der älteren Bronzezeit.

3/5 Trollkjer. Rest eines Hohlweges.

3/6 Rest der alten Chaussee Flensburg-Schleswig.

3/7 Krittenburg. Tief ausgefahrener Hohlweg.

3/8 Sieverstedt. Feldsteinkirche des 12. Jh., Holzturm von 1744. Hier ferner altes Wegekreuz Ochsenweg/Angelboweg.

3/9 Alte Furt durch die Bollingstedter Au.

3/10 Stenderup. Alter Wegestein im Knick.

3/11 Stenderup. Grönishy und Harlhy, zwei Grabhügel von 1.700 - 1.000 v. Chr. (Ältere Bronzezeit). Grönishy ist der höchste Grabhügel am Ochsenweg.

3/12 Rest der alten Chaussee Flensburg-Schleswig, im Wald flankiert von fünf Grabhügeln der älteren Bronzezeit.

3/13 Poppholz. „Kanzel" des Missionars Poppo, Erhebung im Vorgarten des Hofes Poppholz.

3/14 Helligbek. Sagenhafter Taufstein von Poppo, eigentlich Großsteingrab 3.500 - 3.000 v. Chr. (Jungsteinzeit).

3/15 Elmholz, Jagdstein. Jagdsteine dienten der Kennzeichnung von Revieren, um Grenzverletzungen durch Jäger zu vermeiden. Dieser Stein ist 2,3m hoch, er steht am nördlichen Ufer 90m bachabwärts

3/16 Grabhügel der älteren Bronzezeit beiderseits der Straße, der östliche 1850 bei der Schlacht von Idstedt auch dän. Feldherrnhügel.

3/17 Idstedt-Kirche. Zentrum der Schlacht von Idstedt am 25.06.1850. Gedächtnishalle und Feldhernhügel mit Denkmal der Armee der Schleswig-Holsteiner. Östlich davon ein Teilstück der „Alten Landstraße".

**Museen:**

M1 Mühlenmuseum, Stapelholmer Weg 13, 24963 Tarp, Tel. 04638-898404

M2 Museum Süderschmedeby, 24885 Süderschmedeby, Tel. 04638-7142

M3 Idstedt-Gedächtnishalle, 24879 Idstedt, Tel. 04625-402

**Unterkünfte/ Infos:**

Gebietsgemeinschaft „Grünes Binnenland" e.V., Dorfstraße 8 , 24963 Tarp, Tel. 04638-898404, Fax 04638-898405

**Camping:**

C1 Campingplatz Süderholz, 24885 Sieverstedt, Tel. 04638-528

**Fahrradverleih:**

F1 Antje Reinhold, Lehmland 8, 24885 Sieverstedt/Stenderup, Tel. 04603-446

**Fahrradreparatur:**

F2 Schiller's Bike-Shop, Dorfstr. 18, 24963 Tarp, Tel. / Fax 04638-897339

**Weitere Informationen auf Seite 63f**

# Idstedt - Kropp

## Geschichte und Landeskunde

4/1 „Idstedter Räuberhöhle". Großsteingrab („Ganggrab") von 3.200-3.000 v. Chr. (Jungsteinzeit).

4/2 Lürschau. Erhaltenes Teilstück des Ochsentriftweges nahe der Lürschauer Heide. Hier 1043 vermutlich Schlacht zwischen Wikingern und Slawen.

4/3 Lürschau. Wegestück mit Namen „Ochsenweg".

4/4 Ehem. Bischofsburg „Alt Gottorf", heute auf Gut Falkenberg. Besuch in Absprache mit Landeigner möglich.

4/5 Schuby. Altes Fachwerkhaus, in dem einst der Decker-Krug - eine alte Ochsenwegraststätte - untergebracht war. Im Garten ein sagenumwobener Grabhügel der älteren Bronzezeit, der „Dronninghøj".

4/6 Landstraße/Feldweg „Am Ochsenweg" zwischen Schuby und dem Flugplatz Jagel.

4/7 Alter Geestrandweg, heute noch von vier, einst von zahlreichen Grabhügeln gesäumt.

4/8 Schuby-Kroy. Restauriertes Großsteingrab („Dolmen") der Jungsteinzeit mit weiten Steinkreisen der älteren Bronzezeit.

4/9 Straße „Königsweg" nach Schleswig, alte „via regia".

4/10 Gaststätte „Ruhekrug", geht zurück auf den "rauhen Krug" („de ruche Kroch").

4/11 Dannewerk. Das „Danewerk" und der „Rothe Krug", alter

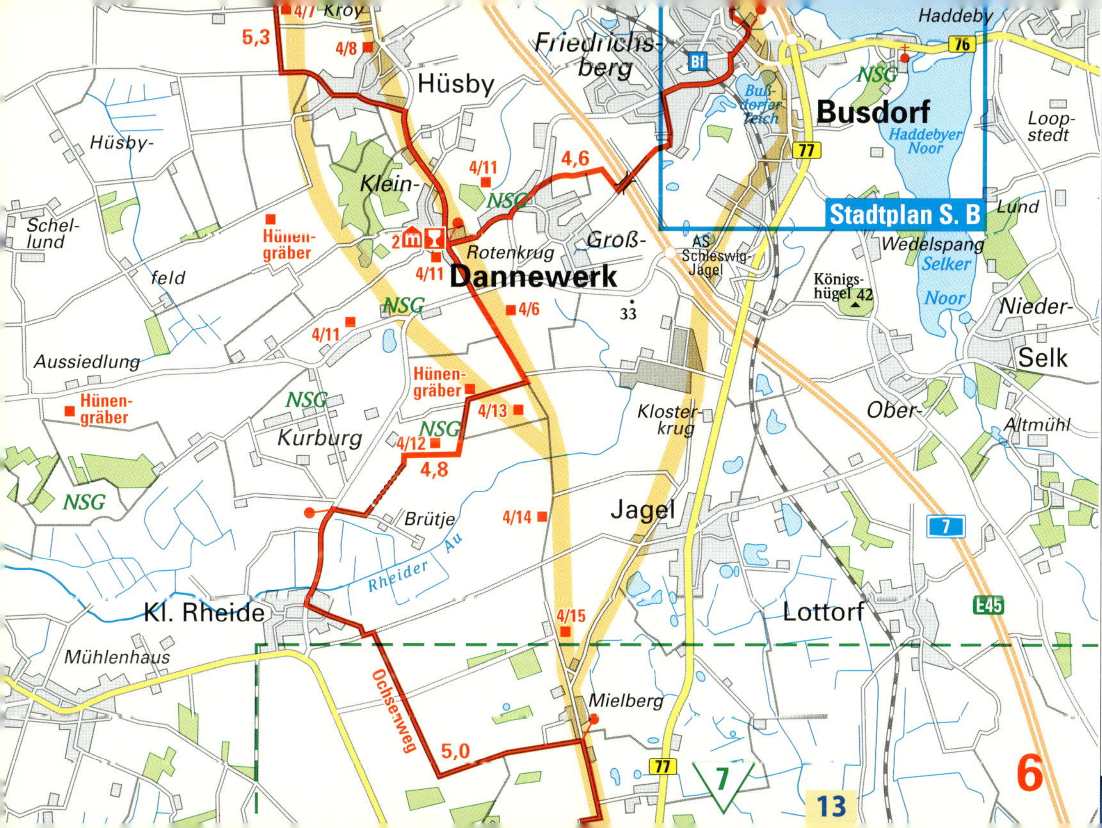




4/12 Kograben, ein Teil des „Danewerkes".

4/13 Tweebargen oder Danhøje. Zwei sagenumwobene Grabhügel der älteren Bronzezeit (1.700-1.000 v. Chr.).

4/14 Flugplatz Jagel, nicht zugänglich. Flurname „Ochsenlager" wegen einstiger Raststätte für die Ochsentriften.

4/15 Mielberg. Alter Ochsenweg in Resten spürbar.

**Museen:**

M3 Idstedt-Gedächtnishalle, 24879 Idstedt, Tel. 04625-402

M1 Steinzeitliche Schausammlung Schuby, Amt Schuby

M2 Danevirkegården (Museum am Danewerk), Ochsenweg 5, 24876 Dannewerk, Tel. 04621-37814

**Camping:**

C1 Campingplatz Lürschau, 24850 Lürschau, Tel. 04621-41846

**Stadt Schleswig siehe Karte B**

**Weitere Informationen auf Seite 64f**

# Stadt Schleswig

## Geschichte und Landeskunde

5/1 Schleswig. Marktplatz im mittelalterlichen Stadtkern.
5/2 Graukloster.
5/3 Dom St. Petri im Domkapitel.
5/4 Der Holm. Ehemalige Fischersiedlung am Nordufer der Schlei. Im Zentrum des Holm der bis heute genutzte Friedhof.
5/5 Lollfuß 110. Ehemaliges Zollhaus des Gottorfer Zolls.
5/6 Schlossinsel mit Schloss Gottorf.
5/7 Prinzenpalais: Landesarchiv Schleswig-Holstein.
5/8 Haddeby. St. Ansgar-Kirche, um 1200 erbaut. Feldsteinkirche, zu der ursprünglich ein runder Turm gehörte.
5/9 Haithabu. Siedlung der Wikingerzeit, von einem Halbkreiswall umgeben.
5/10 Sog. Hochburg von Haithabu. Höhenrücken mit umwallter Fläche und einigen Grabhügeln, Bedeutung unklar.
5/11 Danewerk, Margarethenwall.
5/12 Busdorf. Sog. Skarthi-Stein, Runenstein der Wikingerzeit am Fuße eines Grabhügels.

## Sonst. Sehenswürdigkeiten, Erlebnis:

Stadtführungen/Schleifahrten
Wikingertage (alle geraden Jahre am 1. Augustwochenende)
Domkonzerte

## Museen:

M1 Schleswig-Holsteinisches & Archäologisches Landesmuseum, Schloss Gottorf, 24837 Schleswig, Tel. 04621-813-222 & 813-300

M2 Landesarchiv Schleswig-Holstein, Gottorfstr. 6, 24837 Schleswig, Tel. 04621-861800

M3 Städtisches Museum, Friedrichstr. 9, 24837 Schleswig, Tel. 04621-936820

M4 Wikinger Museum, Haddebyer Chaussee, 24866 Busdorf, Tel. 04621-813300

**Unterkünfte/ Infos:**

Touristikinformation Schleswig, Plessenstr. 7, 24837 Schleswig, Tel. 04621- 981617, Fax 0 46 21-981619, www.schleswig.de

**Jugendherberge:**

Jugendherberge, Spielkoppel 1, 24837 Schleswig, Tel. 04621-23893, Fax 04621-20796

**Camping:**

C1 Campingplatz Haithabu, 24866 Busdorf, Tel. 04621-32450

**Fahrradverleih und -reparatur:**

F1 Zweirad-Markt Peters, Bahnhofstraße 14a, 24837 Schleswig, Tel. 04621-37688

F2 Splettstößer, Bismarkstr. 13, 24837 SL, Tel. 04621-24102

**Fahrradreparatur:**

F3 D. u B. Radhaus, Michaelisstr. 5, 24837 Schleswig, Tel. 04621-29585

F4 Heinrich Voss, Friedrichstr. 50, 24837 Schleswig, Tel. 04621-32176

**Weitere Informationen auf Seite 66f**

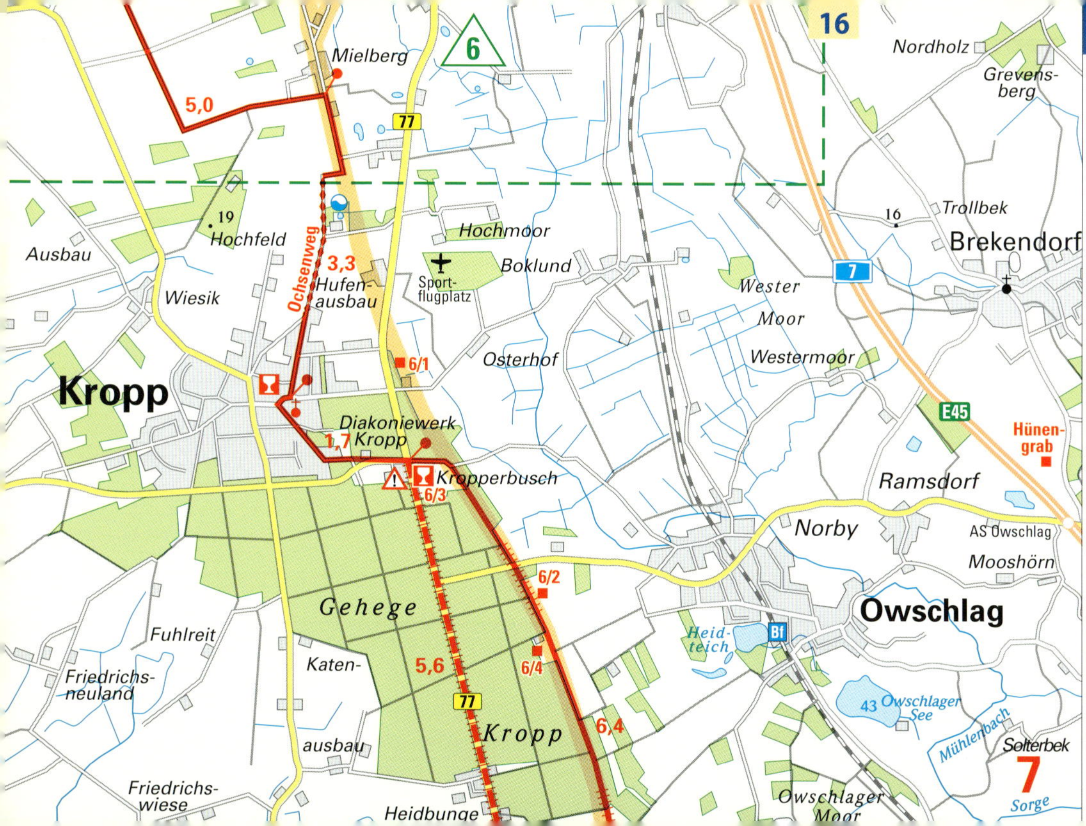


## Kropp - Fockbek

### Geschichte und Landeskunde

6/1 Ochsenweg als landwirtschaftlicher Weg erhalten.

6/2 Der Ochsenweg im „Kropper Busch"; Naturdenkmal.

6/3 Gasthaus Kropper Busch.

6/4 Alte Schäferei am Ochsenweg, nicht mehr in Betrieb.

6/5 Kropper Kirchenweg.

6/6 Hof Feldscheide. Bis 1848 „Kroch thor Sorcke" (Krug zur Sorge), Ochsenweg-Krug und Umspann-Station der fahrenden Post. Hier ferner altes Wegekreuz.

6/7 Sorgbrück. Alte Furt durch die Sorge. Gasthaus.

6/8 Hasenknüll. Alte Wegespuren des Weges nach Rendsburg über Alt-Duvenstedt.

6/9 Sog. Wallenstein-Schanze. Zeitstellung unklar, eine von mehreren Geschützstellungen im Bereich der Sorge-Furten.

6/10 Die Loheide, heute durch Aufforstung entstellt. Hier kam es wiederholt zu Schlachten zwischen dem Königreich Dänemark und holsteinischen Grafen.

**Unterkünfte/ Infos:**

Gebietsgemeinschaft „Grünes Binnenland“ e.V., Dorfstraße 8 , 24963 Tarp, Tel. 04638-898404, Fax 04638-898405

Tourist-Information Nord-Ostsee-Kanal (Anschrift siehe Karte C)

**Stadt Rendsburg siehe Karte C**

**Weitere Informationen auf Seite 67f**

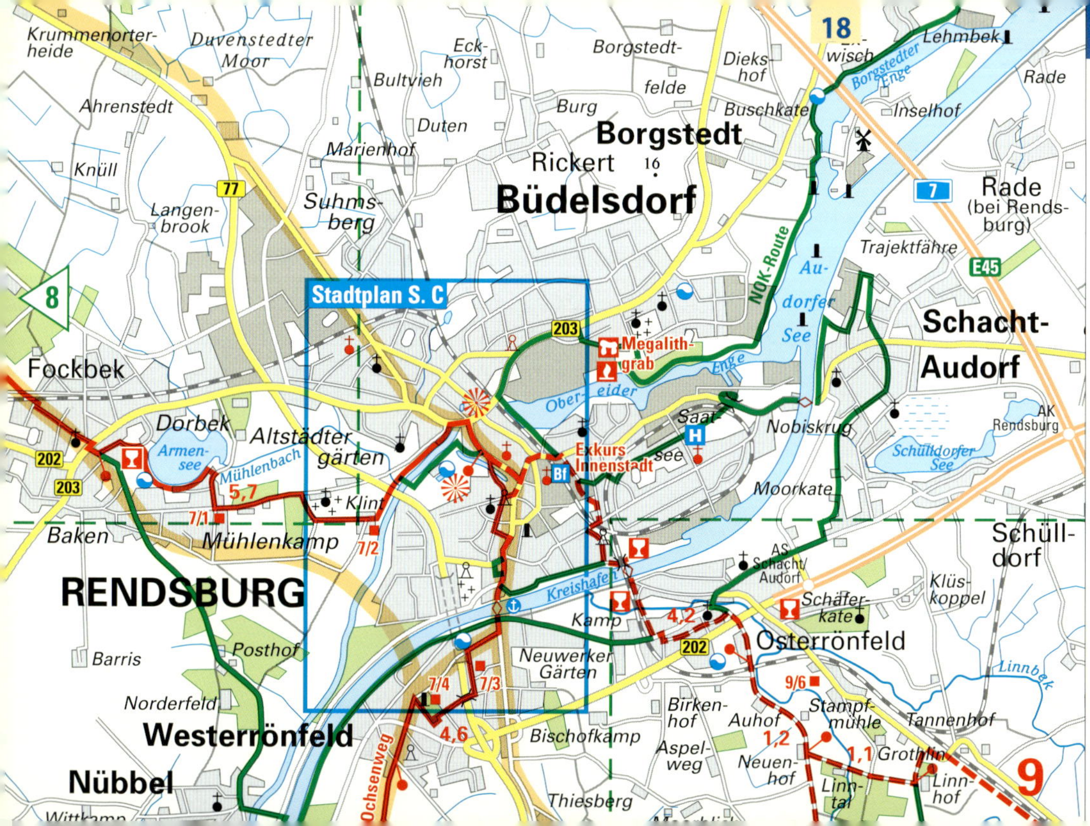

## Fockbek - Nienkattbek

### Geschichte und Landeskunde

7/1 Grönsfurt. Gemarkungsname mit Hinweis auf eine alte Eider-Furt. Der Weg dorthin heißt Grönsfurter Weg. Südlich davon vor der Niederung sog. Schwedenschanze, Alter und Funktion unklar.

7/2 „Das Klint". Alte Eiderfurt, die angeblich zum Schmuggel von Ochsen missbraucht wurde.

7/3 Jüdischer Friedhof in Westerrönfeld.

7/4 Heide-Rest in Westerrönfeld, letztes Fragment regionstypischer Heidelandschaft.

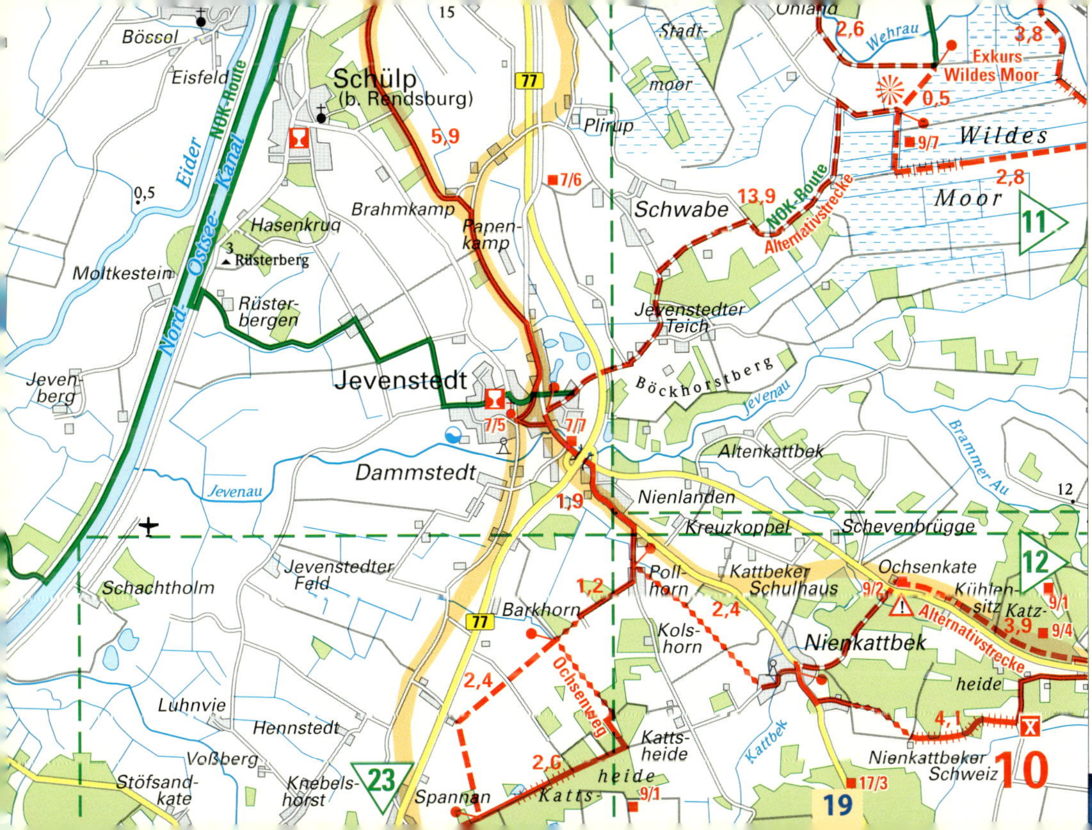


7/5 Jevenstedt. Kirche mit zahlreichen Um- und Anbauten des 16.-18. Jahrhunderts. Sechs Halbfiguren weiblicher Heiliger um 1400.
- Ehem. Kirchenvogtei, restauriertes Fachwerkhaus.
- Ehem. Schmiede (Itzehoer Chaussee 63-65).

7/6 Bramkamp. Ehemaliger See, heute trockengelegt.

7/7 Bereich des alten Wegekreuzes südlich von Jevenstedt, noch heute Verkehrsknotenpunkt.

**Fahrradreparatur und Verleih:**

F1 SB Tankstation, Claus-J.Rath GmbH, Schmiedestr. 23, 24784 Westerrönfeld, Tel.: 04331-8211, Fax: 04331-87756

F2 Fa. Willi Rohwer, Itzehoer Chaussee 61, 24808 Jevenstedt, Tel. 04337-91710

**Stadt Rendsburg siehe Karte C**

Bei Pollhorn, hinter Jevenstedt, teilt sich die Wegeführung in Richtung Süden in eine östliche und eine westliche Route. Bereits in Rendsburg kann über den „Exkurs Innenstadt" der „Exkurs Wildes Moor" mit Anschluss an die östliche Route gewählt werden.

**Weitere Informationen auf Seite 69f**

# Stadt Rendsburg

7-6

## Geschichte und Landeskunde

8/1 Ehem. Zollamt (1794) und Packhaus (1783), in Verbindung mit dem Eiderkanal von 1777-84 errichtet.

8/2 Schiffbrückenplatz. Bis 1895 am Rendsburger Stadthafen gelegen.

8/3 Zollhaus am Mühlentor, aus der Zeit der Ochsentriften.

8/4 Marienkirche, ab 1287 gebaute gotische Backstein-Hallenkirche.

8/5 Altes Rathaus am Altstädter Markt im Stadtkern des 16. Jh.

8/6 Hohes Arsenal, ehemaliges Lager für militärische Ausrüstung, 1700 - 1740 gebaut.

8/7 Christkirche, von 1695 bis 1700 gebaute Barockkirche mit kreuzförmigem Grundriss. Ursprüngliche Innenausstattung erhalten.

8/8 Paradeplatz.

8/9 Mauerrest der Prinz-Wilhelm-Bastion aus der Rendsburger Festungszeit.

## Sonst. Sehenswürdigkeiten, Erlebnis:

S1 Eisenbahnhochbrücke über den Nord-Ostsee-Kanal mit Schiffsbegrüßungsanlage und Schwebefähre (fährt viertelstündlich)

Ausflugsfahrten auf Eider und Nord-Ostsee-Kanal

## Sonstiges

Stadtführungen (Altstadt und Neuwerk) / Blue Line

## Museen:

M1 Eisenkunstguß-Museum, Glück-Auf-Allee 4, 24782 Büdelsdorf, Tel.: 04331/38711

M2 Jüdisches Museum Rendsburg und Dr. Bamberger-Haus, Prinzessinstr. 8, 24768 Rendsburg, Tel. 04331-25262

M3 Museen im Kulturzentrum (Historisches Museum Rendsburg/Druckmuseum, Arsenalstr. 2-10, 24768 Rendsburg, Tel. 04331-331336

M4 Elektro-Museum, Kieler Straße 19, 24768 Rendsburg, Tel. 04331-182465

## Unterkünfte/ Infos:

Tourist-Information Nord-Ostsee-Kanal, Schiffbrücken Galerie, 24768 Rendsburg, Tel. 04331-6963844, www.tinok.de

## Fahrradverleih und -reparatur:

F1 Fahrradservice am Bahnhof – Bewachung, Verleih u. Reparatur, Fa. RABS gGmbH, Am Bahnhof, und Kieler Str. 53, 24768 Rendsburg, Tel.: 04331-55835 u. 12650

## Fahrradreparatur:

F2 Neuwerker Fahrradhaus, Jungfernstieg 25, 24768 Rendsburg, Tel. 04331-55040

F3 Fahrrad Rosacker, Hollerstr. 27, 24782 Büdelsdorf, Tel. 04331-31210

F4 MEGA Bike, Fockbeker Chaussee 46-48, 24768 Rendsburg, Tel. 04331-789660

**Weitere Informationen auf Seite 71f**

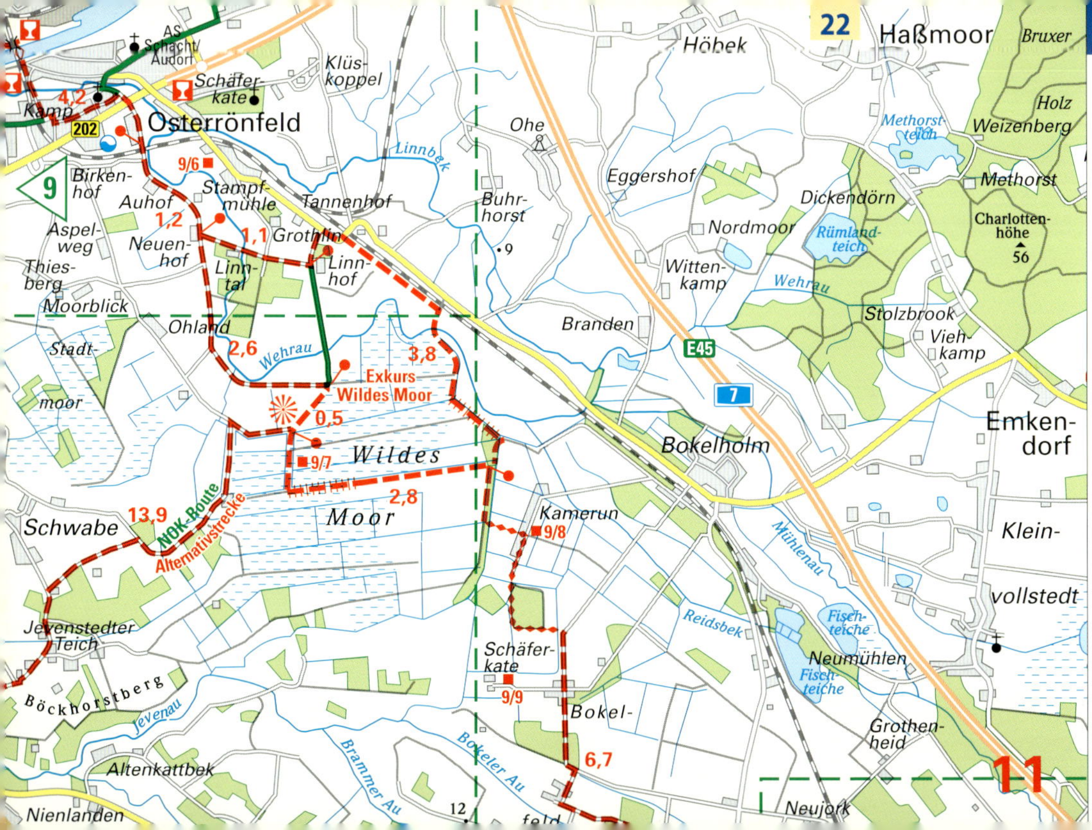


## Nienkattbek - Nortorf

### Geschichte und Landeskunde

9/1 Kattsheide. Ausgedehntes Heideareal südwestlich der Brammer Au mit Dünenbildungen, heute weitgehend aufgeforstet.

9/2 Ochsenkate. Hier befand sich früher ein Ochsenweg-Krug.

9/3 Brammerau. Furt des Ochsenweges durch die Brammer Au mit ehemaligem Ochsenweg-Krug.

9/4 Gut erhaltenes Teilstück des einstigen Triftweges.

9/5 Reste des Ochsenweges, heute Feldweg.

9/6 Osterrönfeld. Rest einer Turmhügelburg des Mittelalters.

9/7 Wildes Moor, alte Torfstichflächen.

9/8 Wildes Moor, „Kamerun". Dorf der Moorkolonisation, dessen Gründung in die Zeit der deutschen Kolonien fällt.

9/9 Schäferkate.

### Unterkünfte/ Infos:

Touristikgemeinschaft Mittelholstein e.V., Niedernstraße 6, 24589 Nortorf, Tel. 04392-89610 oder 0700-87528284, Fax 04392-89611, www.mittel-holstein.de

Tourismus Nortofer Land Naturpark Westensee e.V., Niedernstraße 6, 24589 Nortorf, Tel. 04392-89620, Fax 04392-8962, www.tourismus-naturpark-westensee.de

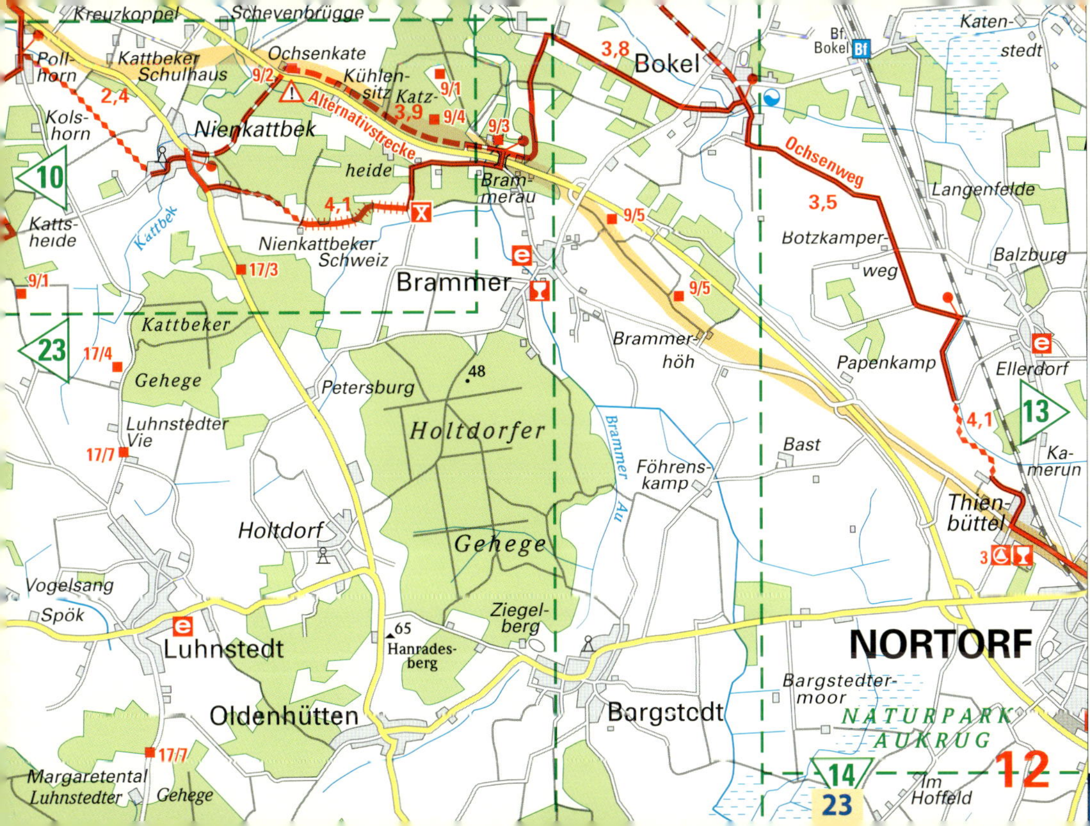


**Camping:**

C3 Campingplatz und Gasthof Ritzebüttel, Rendsburger Str. 11, 24589 Nortorf, Tel. 04392-84800

**Weitere Informationen auf Seite 72**

Schautafeln auf den Rastplätzen zeichnen ein lebendiges Bild vom historischen Ochsenweg

# Nortorf - Neumünster

**Geschichte und Landeskunde**

Nortorf: 1317 erste Erwähnung des Marktfleckens Nortorf, seit 1909 Stadt.

- Kirche von 1872-74, neugotische Hallenkirche. Vorgängerbauten reichen jedoch bis ins 12. Jh. zurück. Turm auf Resten eines älteren Gebäudes aus Feldsteinquadern errichtet.
- Große Mühlenstraße 33 und 38: Zwei einstöckige Giebelhäuser mit Fachwerkfront, Dielentor und reetgedecktem Krüppelwalmdach. 1. Hälfte 18. Jh., typische Häuser ehemaliger „Ackerbürger".

10/1 Landschaftsschutzgebiet mit Wegespuren.

10/2 Timmaspe. Alter Ochsenweg-Krug „Goldener Ochse", durch altes Namensschild angezeigt. Heute nicht mehr bewirtschaftet.

10/3 Krogaspe. Straßenzug „Ossenweg", ein Redder, dessen Wegeverlauf sich östlich in einem Wiesendamm fortsetzt.

- Feuerlöschteich ehemalige Viehtränke auf den Ochsentriften.

**Sonst. Sehenswürdigkeiten, Erlebnis:**

S1 Tierpark Warder, Langwedeler Weg 11, 24646 Warder, Tel. 04329-1280

S2 Tierpark Neumünster (s. Seite 26)

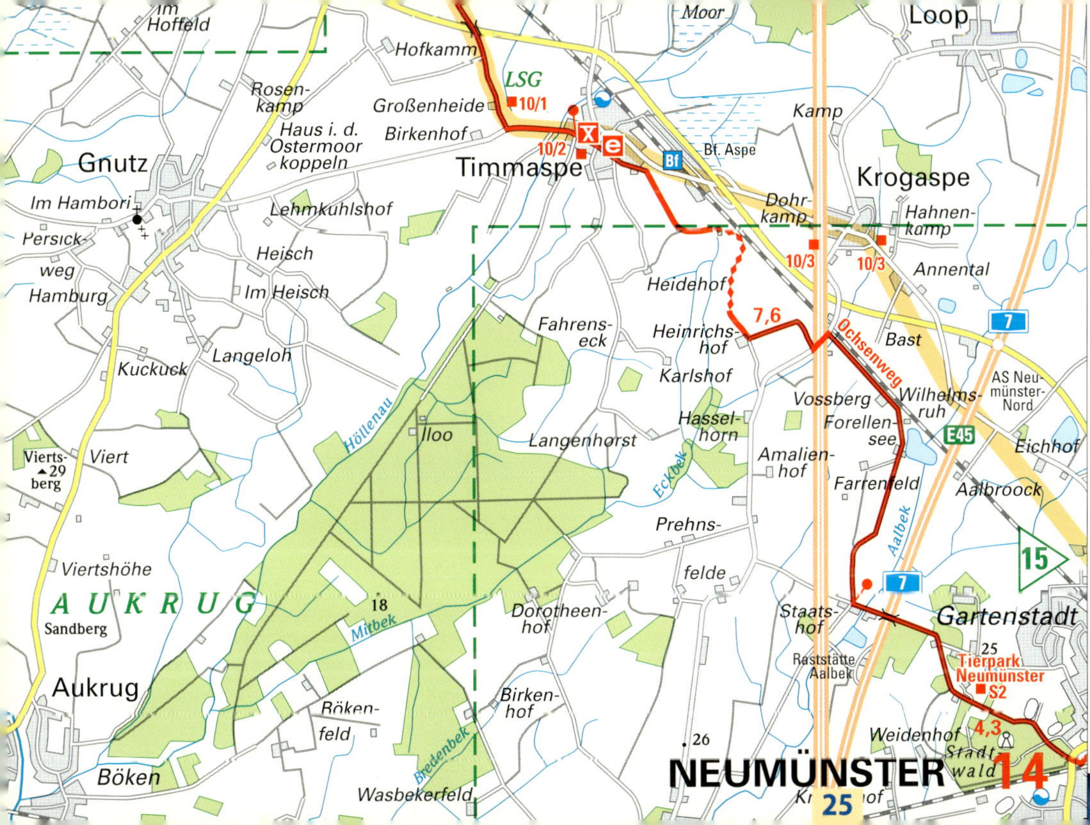




**Museen:**

M1 Skulpturenpark Nortorf, 24589 Nortorf

**Unterkünfte/ Infos:**

Touristikgemeinschaft Mittelholstein e.V., Niedernstraße 6, 24589 Nortorf, Tel. 04392-89610 oder 0700-87528284, Fax 04392-89611

Rathaus Hohenweststedt, Am Markt 15
24594 Hohenweststedt, Tel. 04871-360

**Camping:**

C1 Brahmsee Camping
Fischersiedlung 2, 24631 Langwedel,
Tel. und Fax 04329-464

C2 Seecamping BUM (Bredenbek), 24589 Borgdorf,
Tel. 04392-84840, Fax 04392-848484

C3 Campingplatz und Gasthof Ritzebüttel,
Rendsburger Str. 11, 24589 Nortorf, Tel. 04392-84800

**Fahrradverleih und -reparatur:**

F1 Fa. Willy Kiel, Itzehoer Str. 2, 24589 Nortorf,
Tel. 04392-9123-0

Fahrradverleih Falk, Rosenberg 4, 24259 Westensee,
Hol- u. Bringservice: 04305-1348, 0174-7130894

**Weitere Informationen auf Seite 73f**

## Krogaspe – Brokenlande - Neumünster

### Geschichte und Landeskunde

11/1 Neumünster-Wittorf. Sächsische Burg.

11/3 Brokenlande. Meilenstein der 1830-31 ausgebauten Chaussee von Kiel nach Altona. Das darauf erwähnte Datum „1832" erinnert an die Aufnahme der täglichen Postverbindung zwischen beiden Städten.

11/4 Die alte „via regia" von Neumünster nach Bad Bramstedt war bis zum Bau der Kunststraße Hauptverkehrsweg.

11/5 Alte Steinbrücke von 1728 des Ochsenweges nördlich von Brokenlande über den sog. Amtsgraben.

### Sonst. Sehenswürdigkeiten, Erlebnis:

S1 Tierpark Neumünster, Geerdtstr. 100, 24537 Neumünster, Tel. 04321-51402, tierpark-neumuenster@t-online.de

### Unterkünfte/ Infos:

Touristikgemeinschaft Mittelholstein e.V.
(Adresse siehe Karte 13 + 14)
Tourist-Information Neumünster (Adresse siehe Karte D)

### Camping:

C1 Campingplatz Forellensee, Humboldredder 5, 24634 Padenstedt, Tel. 04321-82697

### Stadt Neumünster siehe Karte D

Weitere Informationen auf Seite 74f

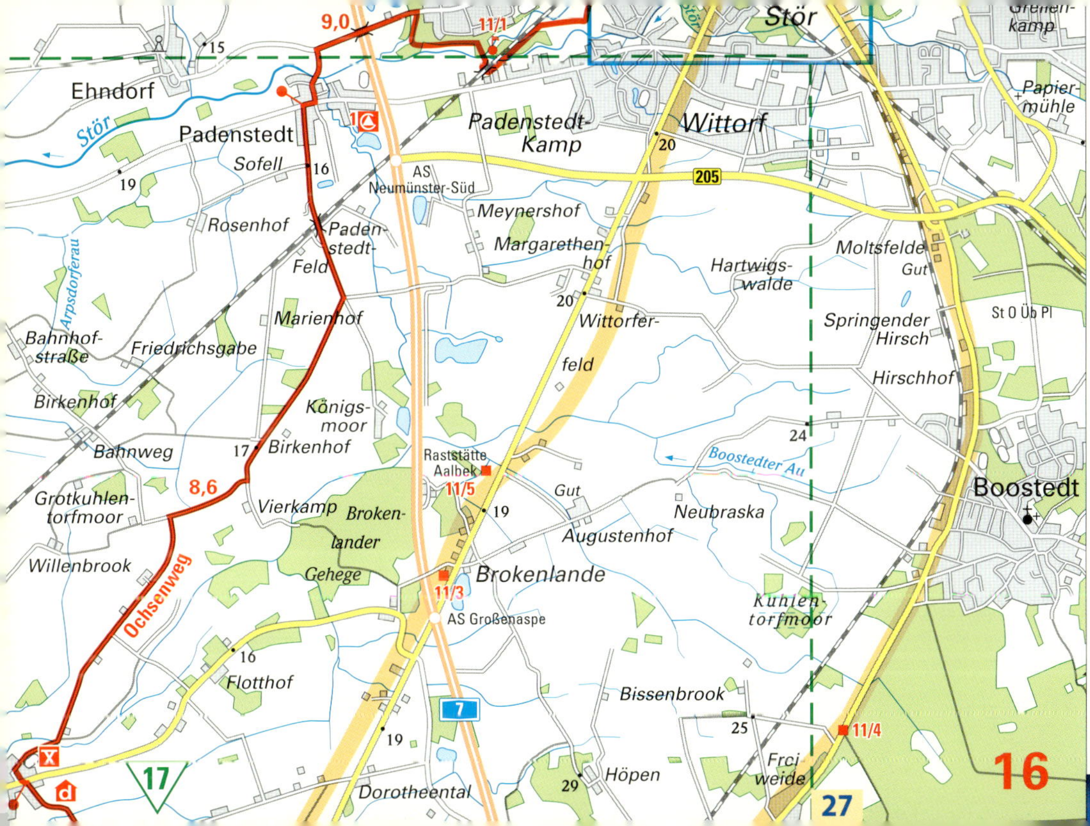

Stör
9,0
11/1
15
Ehndorf
Padenstedt
Stör
Padenstedt-
Kamp
Wittorf
20
Papier-
mühle
Sofell
16
19
AS
Neumünster-Süd
205
Meynershof
Rosenhof
Paden-
stedt-
Feld
Margarethen-
hof
Hartwigs-
walde
Moltsfelde
Gut
Arpsdorferau
20
Wittorfer-
feld
Marienhof
Springender
Hirsch
St O Üb Pl
Bahnhof-
straße
Friedrichsgabe
Hirschhof
Birkenhof
Königs-
moor
24
17
Birkenhof
Bahnweg
Raststätte
Aalbek
11/5
Boostedter Au
Boostedt
8,6
Grotkuhlen-
torfmoor
Vierkamp
Broken-
lander
Gehege
19
Gut
Neubraska
Augustenhof
Willenbrook
Ochsenweg
Brokenlande
11/3
Kuhlen-
torfmoor
AS Großenaspe
16
Flotthof
Bissenbrook
7
19
25
11/4
17
Höpen
29
Frei-
weide
Dorotheental
27
16

# Neumünster

## Stadt Neumünster

### Geschichte und Landeskunde

12/1 Alter Ortsteil Großflecken. Marktplatz aus dem 14./15. Jh., Treffpunkt von Straßen aus allen Richtungen.

12/2 „Altes Rathaus", Großflecken: Altes Rathaus von 1900 im neugotischen Stil, mit aufwändiger Bleiverglasung und Stiftmosaiken

12/3 Mühlenbrücke 9: Zweigeschossiges Traufenhaus „Haus Westphalen" mit Bauelementen des Rokoko.

12/4 Alter Ortsteil Kleinflecken. Ältester Teil von Neumünster.

12/5 Kleinflecken. Vicelinkirche (1828-34), klassizistisch, aus gelbem Backstein, auf dem Gelände des ehemaligen Klosters Novum Monasterium errichtet. Relief von Thorvaldsen aus dem Jahre 1837.

12/6 Ecke Altonaer Straße / Schützenstraße: Meilenstein (1832) aus rotem Granit mit Monogramm des dänischen Königs. Informationen zum Meilenstein siehe 11/3

### Museen:

M1 Tuch + Technik - Textilmuseum Neumünster, Kleinflecken 1, 25534 Neumünster, Tel. 04321-559 580; post@tuch-und-technik.de; www.tuch-und-technik.de

M2 Gerisch Skulpturenpark, Brachenfelder Straße 69, Tel.: 04321-555120, www.gerisch-stiftung.de

### Freibad / Hallenbad:

Bad am Stadtwald, Hansaring 177, 24534 Neumünster, Tel.: 04321-202580, swn@swn.net, www.stadtwerke-neumuenster.de

## Unterkünfte/ Infos:

Tourist-Information Neumünster, Großflecken 34 a (im Pavillion), 24534 Neumünster, Tel. 04321-43280, Fax 04321-43291, touristinformation-neumuenster@web.de, www.neumuenster.de

## Jugendherberge

Kiek in, Gartenstr. 32, 24534 Neumünster, Tel. 04321-419960, Fax 04321-4199699, info@kiek-in-nms.de

## Fahrradreparatur:

F1 Brücke Neumünster gGmbH, Rad & Tat, Fahrradwerkstatt, Fürsthof 5, 24534 Neumünster, Tel.: 04321-47662

F2 Radsport Paukstadt, Kieler Str. 50, 24534 Neumünster, Tel. 04321-47765

F3 Uhlig GmbH, Brachenfelder Straße 37, 24534 Neumünster, Tel.: 04321/22002

F4 Fahrrad Hansen, Wasbeker Straße 27, 24534 Neumünster, Tel.: 04321-42781

F5 Mega Bike, Rendsburger Str. 8-14, 24534 Neumünster, Tel.: 04321-499385

## Sonstiges

„Stadtpunkte – ein Rundgang“: Broschüre über die historischen Besonderheiten der Stadt mit Karte und Infos zu den verschiedenen Gebäuden. Erhältlich in der Tourist-Info Neumünster (Adresse siehe unter Unterkünfte)

**Weitere Informationen auf Seite 75f**

# Brokenlande - Bad Bramstedt

## Geschichte und Landeskunde

13/1 Fuhlendorf. Meilenstein (1832) aus Granit, mit Monogramm des dänischen Königs.

13/2 Großenasper Weg. „Via regia" (= Königsweg), Teil der alten Heerstraße zwischen Neumünster und Bad Bramstedt. Wird nach dem Bau der Altona-Kiel-Chaussee bedeutungslos.

13/3 Grünplan. Hier lag früher eine alte Raststätte (Krug).

Unterkünfte: siehe Karte 13 + 14

## Camping:

C1 Campingplatz Forellensee, Humboldredder 5, 24634 Padenstedt, Tel. 04321-82697

**Stadt Bad Bramstedt siehe Karte E**

**Weitere Informationen auf Seite 76f**

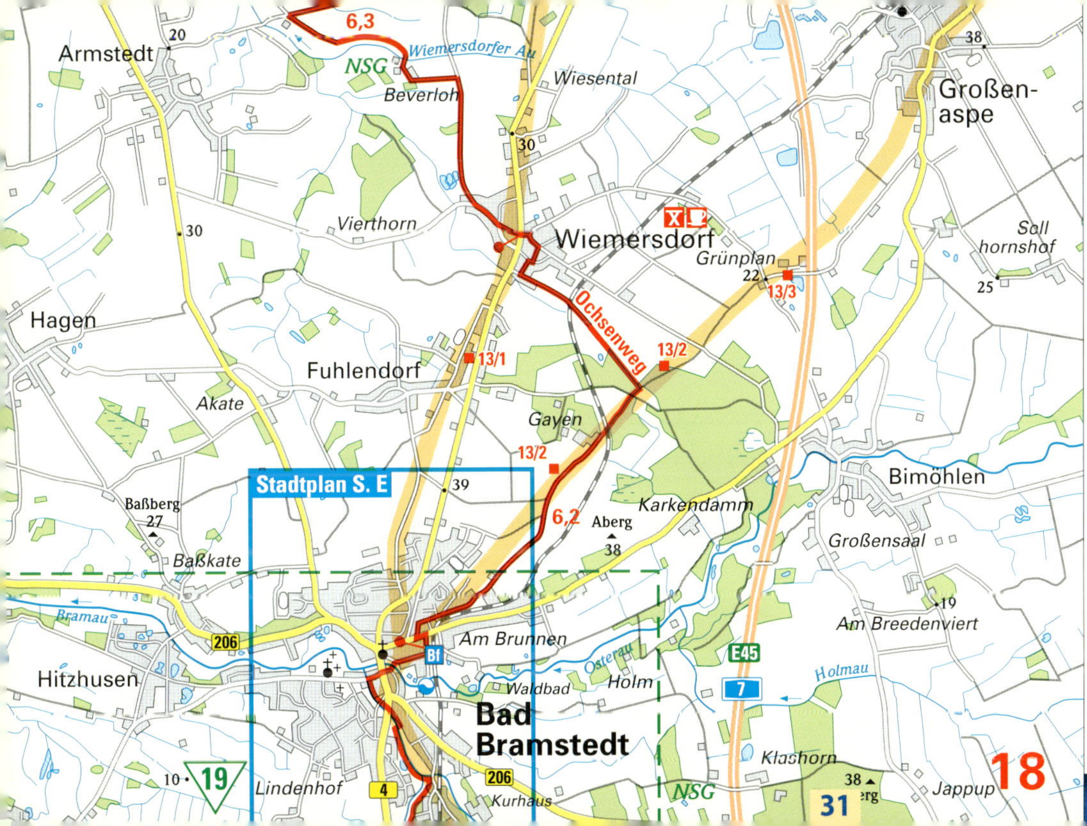

Bad Bramstedt

# Bad Bramstedt

## Stadt Bad Bramstedt

### Geschichte und Landeskunde

14/1 Landweg 16: Eingeschossiges Fachwerkgiebelhaus mit Utlucht aus dem späten 18. Jh.

14/2 Denkmal der Wiebke Kruse, das Mädchen, das einen König heiratete. (... König Christian IV v. Dänemark )

14/3 Kirche Maria Magdalena aus dem 14. Jh. im ältesten Teil des Ortes. Hier ferner Friedhof.

14/4 Brücke über die Osterau an alter Furtstelle. Seit der frühen Neuzeit gab es hier verschiedene Brücken.

14/5 Eckhaus Bleek 2. Stein von 1674 mit Datum und Initialen.

14/6 „Bleek“: Platz des Bramstedter Ochsenmarktes seit dem 15. Jh..

14/7 Der Bramstedter Roland. Sandsteinfigur aus dem Jahre 1693.

14/8 Torhaus/Schloss (1647) des ehemaligen Gutshofes, innen schöne Stuckarbeiten. Heute Kulturzentrum der Stadt Bad Bramstedt.

14/9 Friedrichsbrücke. Granitquaderbrücke von 1833 mit Monogramm des dänischen Königs. Brückenbau in Verbindung mit dem Bau der ersten Kunststraße von Kiel nach Altona (Altona-Kiel-Chaussee).

14/10 Straßenzug „Ochsenweg“.

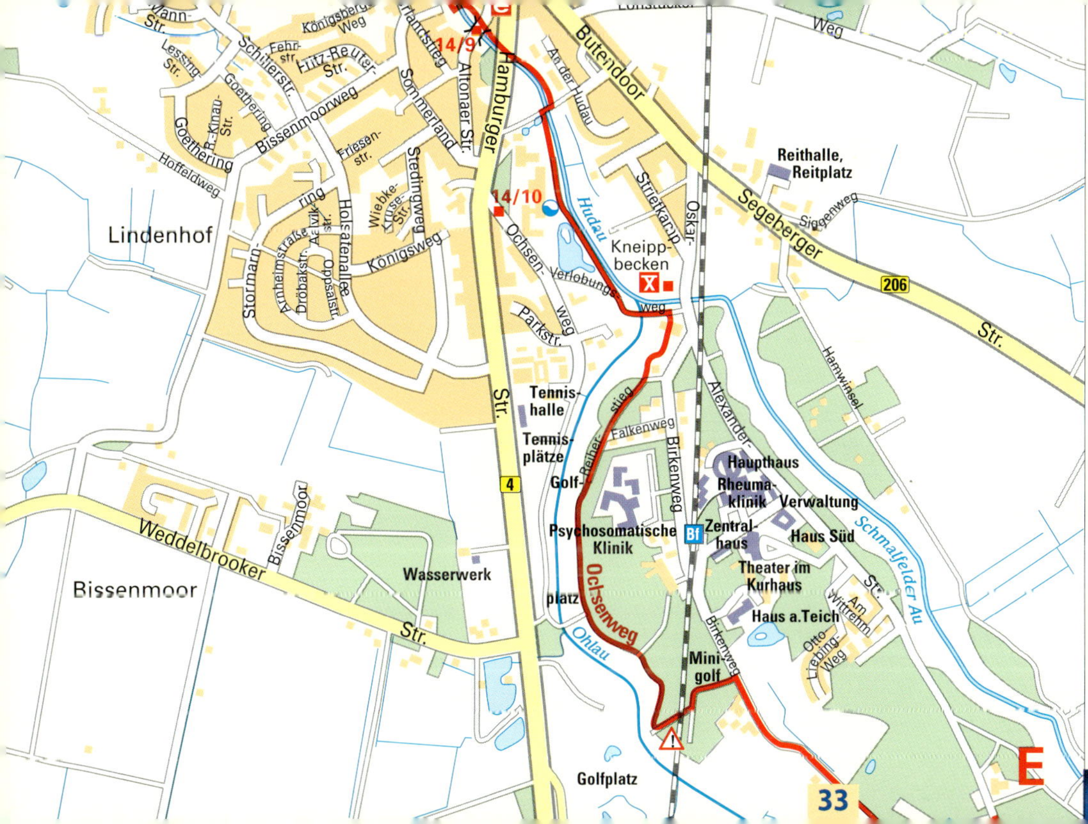


## Unterkünfte/ Infos:

Tourismusbüro Bad Bramstedt, Bleck 17, 24576 Bad Bramstedt, Tel. 04192-50627, Fax 0419250680, touristinfo@bad-bramstedt.de, www.bad-bramstedt.de

## Camping:

C1 Campingplatz Roland, Kieler Straße 36, 24576 Bad Bramstedt, Tel. 04192-6723

## Fahrradverleih und -reparatur:

F1 Zweiradhaus Ellerbrock Bad Bramstedt GmbH, Bleeck 20, 24576 Bad Bramstedt, Tel.: (0 41 92) 8 89 30 34

Weitere Informationen auf Seite 78f

## Bad Bramstedt - Barmstedt

### Geschichte und Landeskunde

15/1 „Alte Landstraße" durch die Harksheide über Kaltenkirchen und Ulzburg nach Hamburg-Ochsenzoll.

15/2 Naturschutzgebiet Nützener Heide. Rest eines einst großflächigen Heideareals, das Landschaftsverhältnisse wie zu Zeiten der Ochsentriften widerspiegelt.

15/3 Vossmoor. Hügelgräber der Bronzezeit (1.700 - 1.000 v. Chr.) säumen den Weg.

15/4 Hohenufer bei Langeln: Reste einer mittelalterlichen Turmhügelburg an der Krückau.

### Unterkünfte/ Infos:

Holsteiner Auenland e.V., Bleeck 20. 24576 Bad Bramstedt, Tel. 04192-50627, Fax 04192-897227, info@holsteiner-auenland.de, www.holsteiner-auenland.de
Tourismusbüro Bad Bramstedt, Bleek 17, 24576 Bad Bramstedt, Tel. 04192-50627, Fax 04192-897227, touristinfo@bad-bramstedt.de, www.bad-bramstedt.de
Tourismusbüro Barmstedt, Am Markt 1, 25355 Barmstedt, Telefon: 04123 / 681-39 oder -40, Fax: 04123 / 681-60

### Fahrradverleih und -reparatur:

F1 PMS Bikes GmbH, Kieler Str. 3, 24632 Lentföhrden
Tel: 04192/5276, Fax: 04192/889902

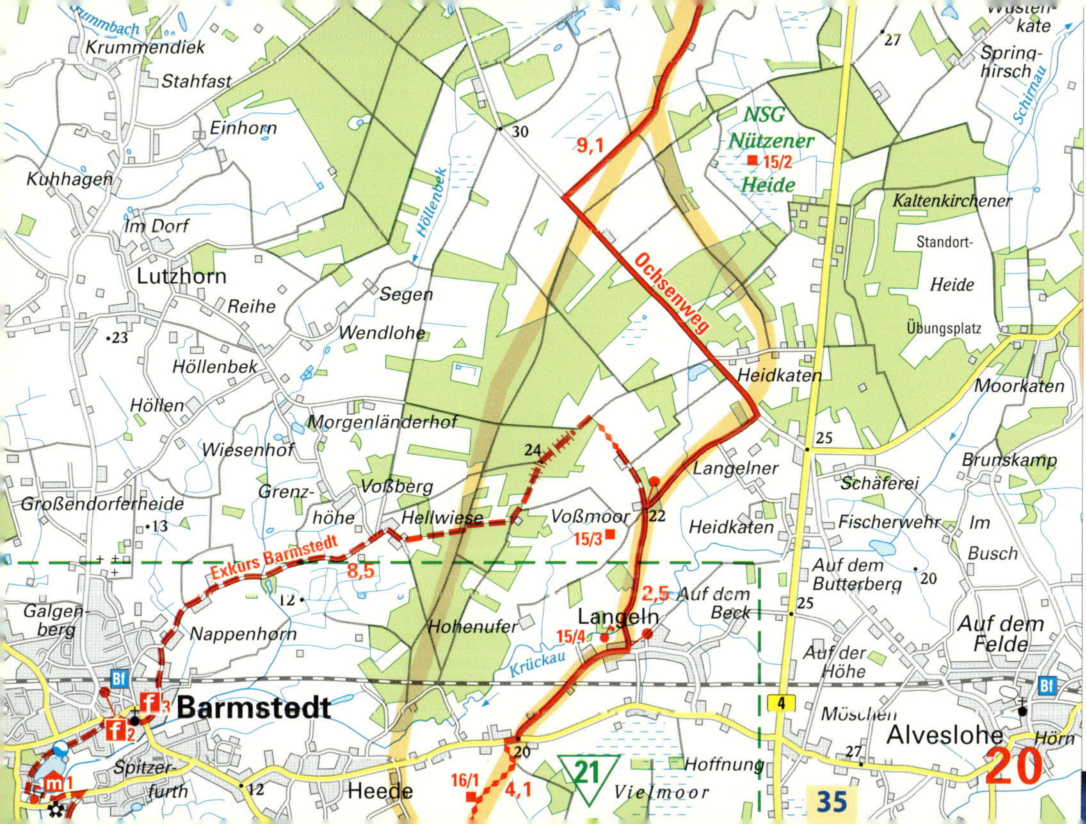


F2 Radsport für Jedermann, Preuß und Jepsen, Reichenstraße 18, 25355 Barmstedt, Tel. 04123-4800

F3 Fahrrad Jepsen, Am Markt 20, 25355 Barmstedt, Tel.: (04123) 68 30 66 Fax: (04123) 68 30 77

**Museen:**

M1 Heimatmuseum der ehem. Grafschaft Rantzau, Rantzau 8, 25355 Barmstedt, Tel. 04123-4296 , Schlossgefängnis Rantzau (Galerie und Café), Rantzau 9, 25355 Barmstedt, Tel. 0 41 23 – 61 39 und Gerichtsschreiberhaus (Galerie / Atelier III), Rantzau 11, 25355 Barmstedt, Tel. 0 41 23 – 30 26

**Weitere Informationen auf Seite 78f**

Wassermühle in Barmstedt

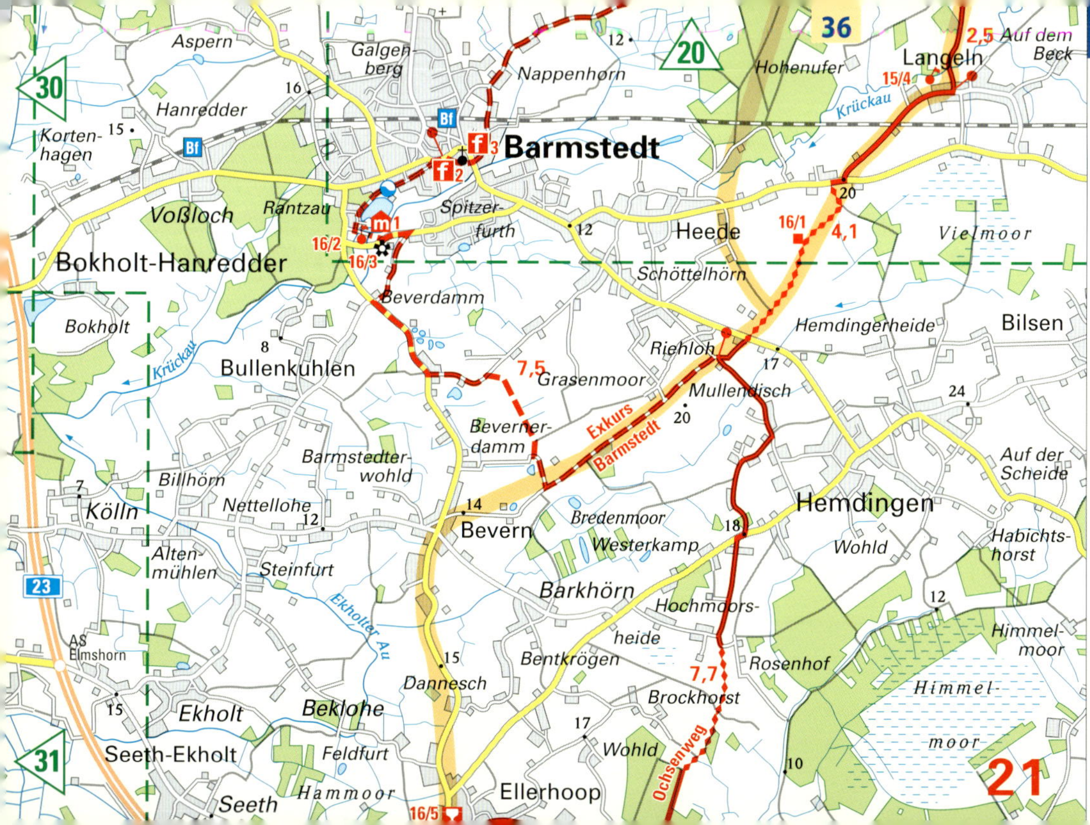


## Barmstedt - Tornesch

### Geschichte und Landeskunde

16/1 Grabhügel der älteren Bronzezeit (1.700 - 1.000 v. Chr.).

16/2 Barmstedt. Herrenhaus Rantzau, erbaut 1896. Nebenan Museum der Grafschaft Rantzau.

16/3 Barmstedt. Wassermühle des 19. Jh., Müllerhaus von 1815.

16/4 Oha. Alter Ochsenweg-Krug.

### Museen:

M1 Heimatmuseum der ehem. Grafschaft Rantzau, Rantzau 8, 25355 Barmstedt, Tel. 04123-4296 , Schlossgefängnis Rantzau (Galerie und Café), Rantzau 9, 25355 Barmstedt, Tel. 0 41 23 – 61 39 und Gerichtsschreiberhaus (Galerie / Atelier III), Rantzau 11, 25355 Barmstedt, Tel. 0 41 23 – 30 26

M2 Arboretum Ellerhoop/Thiensen, 25373 Ellerhoop, Thiensen 17, Tel. 04120-218

### Unterkünfte/ Infos:

Unterelbe Tourismus e.V., Große Nübelstraße 31,
25348 Glückstadt, Tel.: 04124-6049592, Fax: 04124 -937586,
info@holstein-tourismus.de, www.holstein-tourismus.de
Tourismusbüro Barmstedt, Am Markt 1,
25355 Barmstedt, Telefon: 04123 / 681-39 oder -40
Fax: 04123 / 681-60, tourist-marketing@barmstedt.de

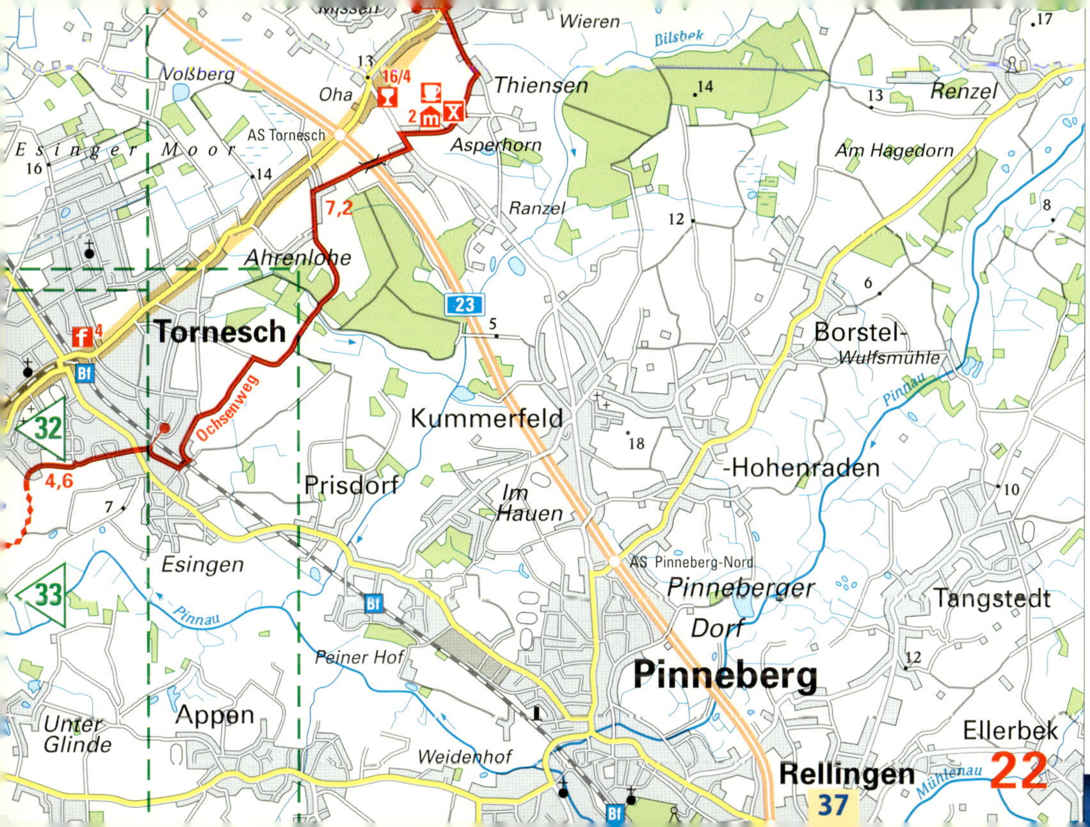


**Fahrradverleih und -reparatur:**

F2 Radsport für Jedermann, Preuß und Jepsen, Reichenstraße 18, 25355 Barmstedt, Tel. 04123-4800

F3 Fahrrad Jepsen, Am Markt 20, 25355 Barmstedt, Tel.: (04123) 68 30 66 Fax: (04123) 68 30 77

F4 Eisenross Fahrradladen, Bahnhofsplatz, 25436 Tornesch, Tel.: (04122) 5 68 30

**Weitere Informationen auf Seite 80f**

Schloss Breitenburg

## Nienkattbek - Hohenwestedt

**Geschichte und Landeskunde**

17/1 Erhaltener, jedoch modern überprägter alter Wegezug von Jevenstedt über Dammstedt, Spannan und Legan nach Brinjahe.

17/2 Legan. Café Land Lady, ehemaliger Krug am Ochsenweg, an einer Furt gelegen (Zelten möglich).

17/3 Alter Transitweg über Nienkattbek, Holtdorf, Oldenbüttel in Richtung Aukrug und Bad Bramstedt.

17/4 Wegespuren im Kattbeker Gehege.

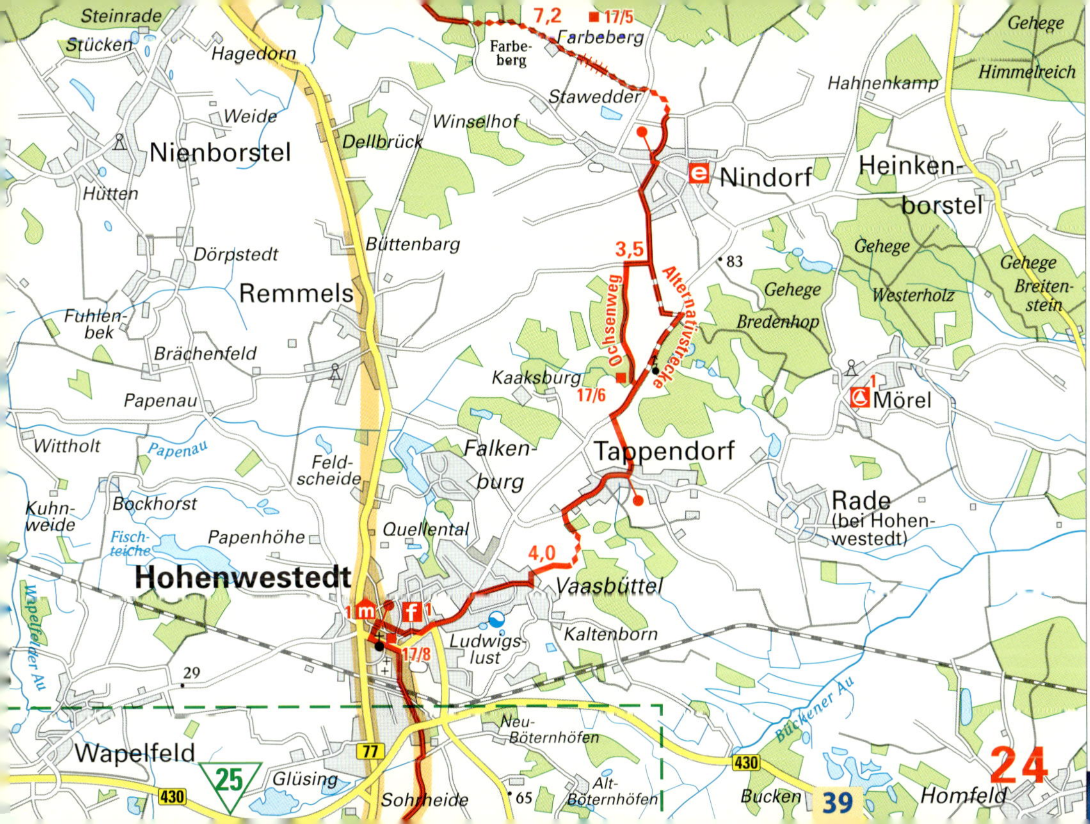




17/6 Tappendorf. Hügelgräberfeld der älteren Bronzezeit (1.700 - 1.000 v. Chr.), zwei Hügel erhalten, und alte Wegespuren.

17/7 Alter Nebenweg über Luhnstedt, Nindorf und Tappendorf nach Hohenwestedt

17/8 Hohenwestedt, Lindenstraße.
- Figurengruppe Ochsentränke von S. Assman
- „Das Muschelhaus" eines Fabrikanten für Muschelsouvenirs.
- Schalenstein, hierher versetzt: Solche Steine sind gelegentlich als Decksteine von Großsteingräbern zu beobachten und dienten wohl kultischen Zwecken.
- Kirche von 1770, um 1900 herum stark baulich verändert.

**Museen:**

M1 Heimatmuseum Hohenwestedt, Friedrichstr. 11, 24594 Hohenwestedt, Tel. 04871-2229

Unterkünfte / Infos: siehe Karte 13 + 14

**Fahrradreparatur:**

F1 Fahrräder Günter Rathje, Mühlenstr. 8, 24594 Hohenwestedt, Tel. 04871-8423

**Camping:**

C1 Heuhotel Mörel, Fam. Lucht, Dorfstr. 12, 24594 Mörel, Tel.: 04871/4150

**Weitere Informationen auf Seite 81f**

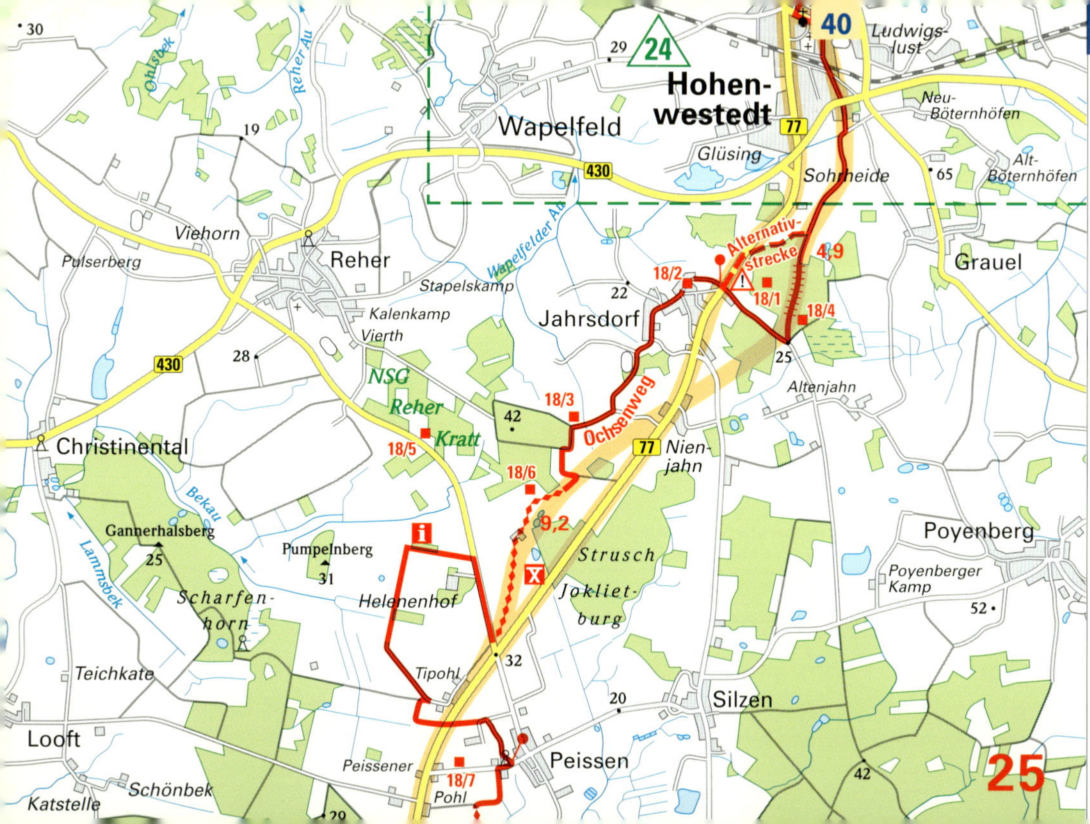


# Hohenwestedt - Hohenlockstedt

## Geschichte und Landeskunde

- 18/1 Jahrsdorfer Balken.
- 18/2 Alte Pflasterstraße und steinerne Viehtränke in Jahrsdorf.
- 18/3 Grabhügel der älteren Bronzezeit (1.700 - 1.000 v. Chr.).
- 18/4 Spur des Ochsenweges.
- 18/5 Naturschutzgebiet Reher Kratt, einer der letzten Krattwälder in Schleswig-Holstein.
- 18/6 Ehemaliges Urnengräberfeld der jüngeren Bronzezeit (1.000 - 500 v. Chr.).
- 18/7 Peißener Pohl: Gebiet einer Bodensenkung, durch Auswaschung eines Salzstocks entstanden.
- 18/8 Alte Wegespuren am Rande des Holsteiner Waldes.

## Museen:

- M1 Arthur Boskamp Stiftung, Breite Straße 18, 25551 Hohenlockstedt, Tel.: 04826-850110
- M2 Museum am Wasserturm, Am Wasserturm 4a, 25551 Hohenlockstedt, Tel. 04826-370042

Unterkünfte: siehe Karte 13 + 14

## Fahrradreparatur:

- F1 Zweiradsporthaus Timm, Birkenallee 24, 25551 Hohenlockstedt, Tel. 04826-2519

Brömsen-
knoll
Schäferei
Lohfiert
Rolloh
18/8
9,4
Mühlenbach
Hohen-
fiert
Schierenwald
Lockstedt
Ridders
32
26
Ochsenweg
77
Hohenaspe
Margaretenburg
26
Gut
Springhoe
Holsteiner
Neubücken
Rantzau
wald
22
Springhoe
Springhoe
Elisen-
hof
Tannen-
koppel
Heidhof
25
Hungriger Wolf
Bücken
Neumühlen
e
m2
1f
1m
d
Hohenlockstedt
H
7,8
Exkurs Itzehoe
18
77
3,7
20
19
8
Schlotfeld
Amönen-
warte
Mühlenbarbek
206
Kloster-
holz
Blauer
Lappen
Roten-
mühlen
Ösau
Mühlenbarbeker Au
Itzehoer
Kloster-
forst
27
Winseldorf
Lohba
41

RACE

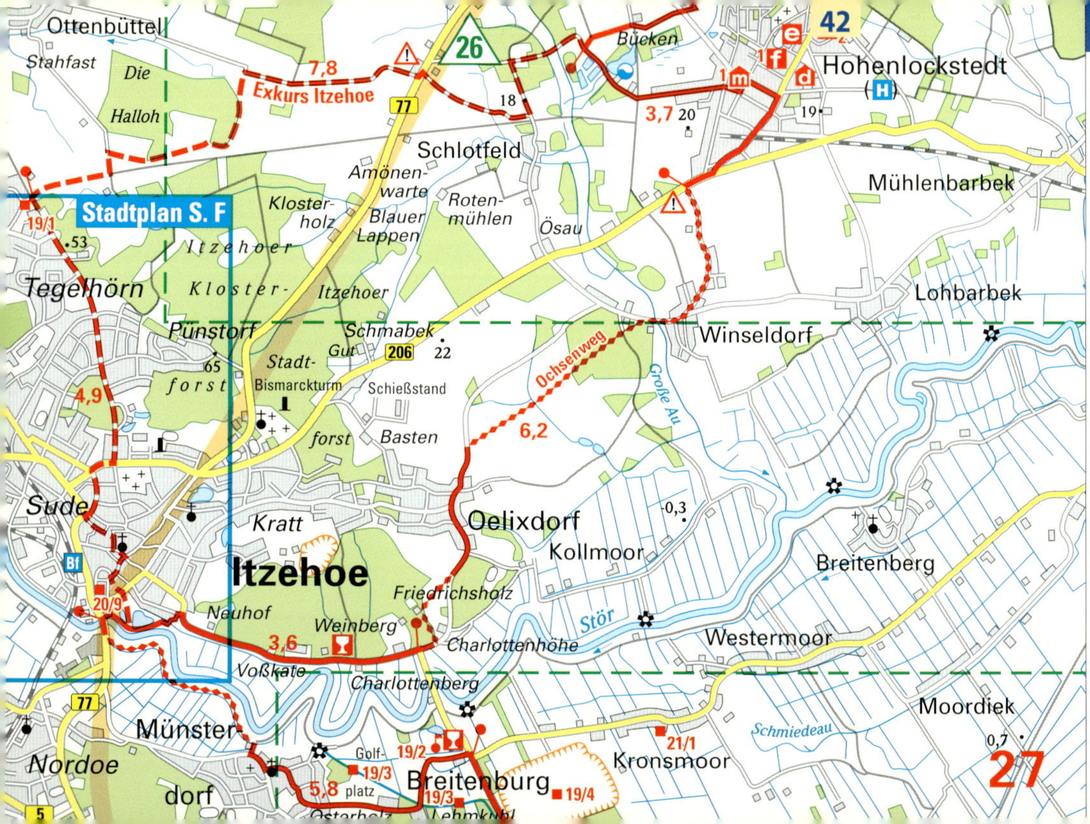

## Hohenlockstedt - Kronsmoor

**Geschichte und Landeskunde**

19/1 Itzehoe. Schild „Ochsenweg" an der „Alten Landstraße". Von der Westküste nach Itzehoe führender Ochsenweg.

19/2 Schloss Breitenburg. Hauptsitz der Familie Rantzau, erbaut ab 1580 auf Initiative Heinrich Rantzaus. Schlossbrunnen

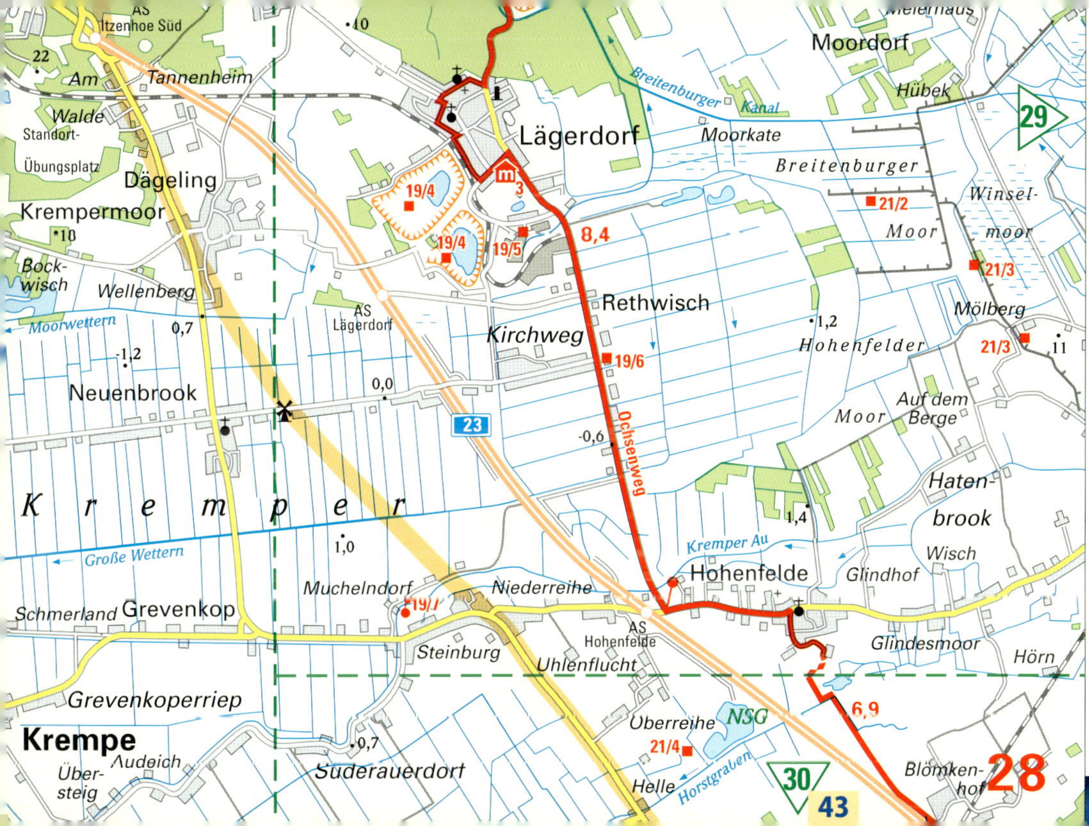


19/3 Breitenburger Kanal. Alter Schifffahrtsweg

19/4 Kreidegruben Lägerdorf.

19/5 Weiße Straße. Zementstaub auf den Dächern

19/6 Rethwisch, ein altes Moorhufendorf.

19/7 Die Steinburg. Burg des Mittelalters, die dem „Kreis Steinburg" den Namen gab. An der ehemaligen Passage durch die Niederung gelegen.

**Museen:**

M1 Arthur Boskamp Stiftung, Breite Straße 18, 25551 Hohenlockstedt, Tel.: 04826-850110

M2 Museum am Wasserturm, Am Wasserturm 4a, 25551 Hohenlockstedt, Tel. 04826-370042

M3 Heimatmuseum Lägerdorf, Postgebäude, Dorfstraße 1, 25566 Lägerdorf, Tel. 04828-6461

**Unterkünfte:**

Unterelbe Tourismus e.V., Große Nübelstraße 31, 25348 Glückstadt, Tel.: 04124-6049592, Fax: 04124 -937586, info@holstein-tourismus.de, www.holstein-tourismus.de

**Fahrradreparatur:**

F1 Zweiradsporthaus Timm, Birkenallee 24, 25551 Hohenlockstedt, Tel. 04826-2519

**Stadt Itzehoe siehe Karte F**

**Weitere Informationen auf Seite 84f**

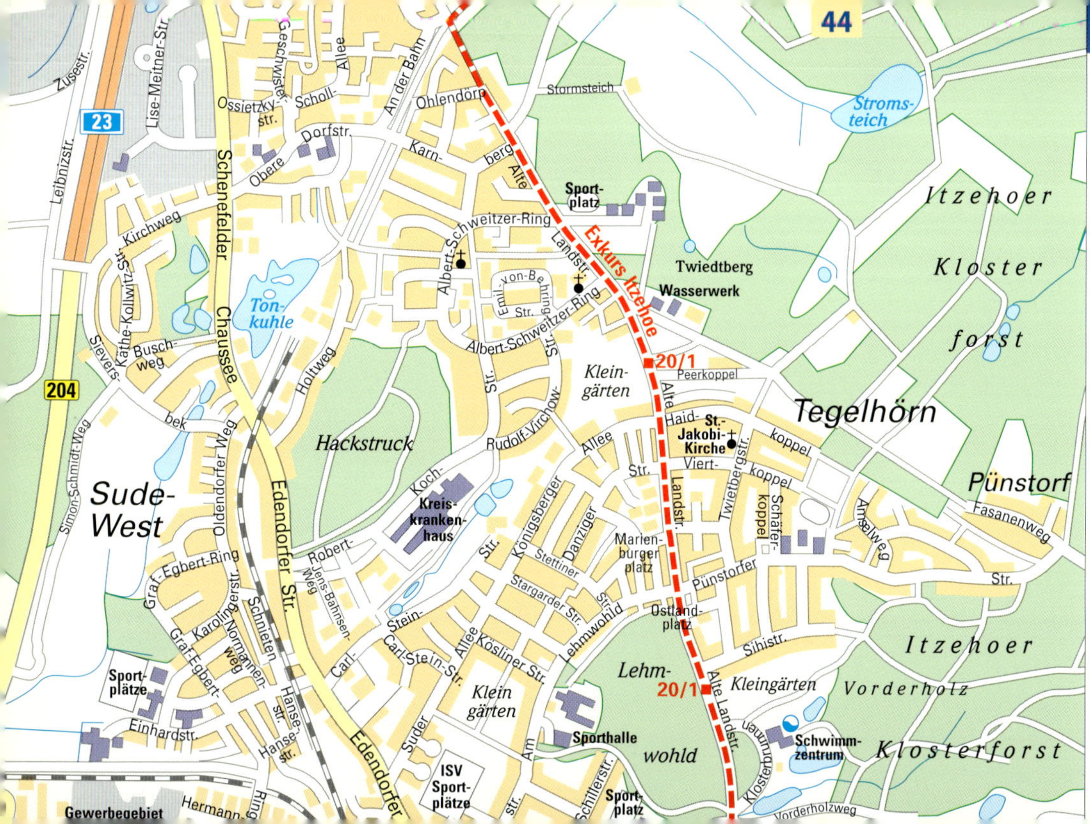


# Stadt Itzehoe

## Geschichte und Landeskunde

20/1 „Alte Landstraße". Von der Westküste über Dithmarschen nach Itzehoe führender Ochsenweg.

20/2 Galgenberg. Ehem. Richtstätte, Grabhügel der Bronzezeit (1.700 - 1.000 v. Chr.). In den dreißiger Jahren überkuppelt und zweckentfremdet als Ahnen-Kultstätte genutzt, heute Gedenkstätte für die Opfer des Nationalsozialismus.

20/3 Feldschmiedekamp. Platz des Ochsenmarktes bis ins 19. Jh.

20/4 Klosterhof.

20/5 Kirche St. Laurentii von 1716-1718; 1894 bauliche Erneuerung. Sarkopharg von Heinrich Rantzau.

20/6 St. Jürgen Kapelle mit Deckengemälde.

20/7 Ochsenmarktskamp. Platz des Ochsenmarktes im 19. Jh.

20/8 Rathaus von 1695 mit Ständesaal (1835), an der früheren Störschleife gelegen, die 1975 zugeschüttet wurde.

20/9 Neustadt – ältester Stadteil Itzehoes – historischer Ursprung der Stadt

## Museen:

M1 Wenzel-Hablik-Museum, Reichenstr.21, 25524 Itzehoe, Tel. 04821-603377

M2 Kreismuseum „Prinzeßhof", Kirchenstraße 20, 25524 Itzehoe, Tel. 04821-64068

M3 Haus der Heimat, Htm. Klosterhof 19, 25524 Itzehoe

**Unterkünfte:**

Unterelbe Tourismus e.V., Große Nübelstraße 31,
25348 Glückstadt, Tel.: 04124-6049592, Fax: 04124 -937586,
info@holstein-tourismus.de, www.holstein-tourismus.de

Stadtmanagement Itzehoe, Kirchenstraße 2, 25524 Itzehoe,
Tel. 04821- 58 00

**Jugendherberge:**

Jugendherberge Itzehoe, Juliengardeweg 13, 25524 Itzehoe,
Tel. 04821-62270, Fax 04821-5710

**Fahrradverleih und -reparatur:**

F1 Fahrradstation am Bahnhof, Bahnhofstr. 32,
25524 Itzehoe, Tel. 04821-2726

**Fahrradreparatur:**

F2 Fahrrad Richter, Sieversstr. 32, 25524 Itzehoe,
Tel. 04821-952515

F3 Zweirad Center KAINA KG, Helenenstr. 2a, 25524 Itzehoe,
Tel. 04821-5991

**Weitere Informationen auf Seite 85**

Torfmoorbahn

## Kronsmoor - Elmshorn

**Geschichte und Landeskunde**

21/1 Kronsmoor. Ehem. holländisches Kolonistendorf.

21/2 Breitenburger Moor, wird heute noch abgetorft.

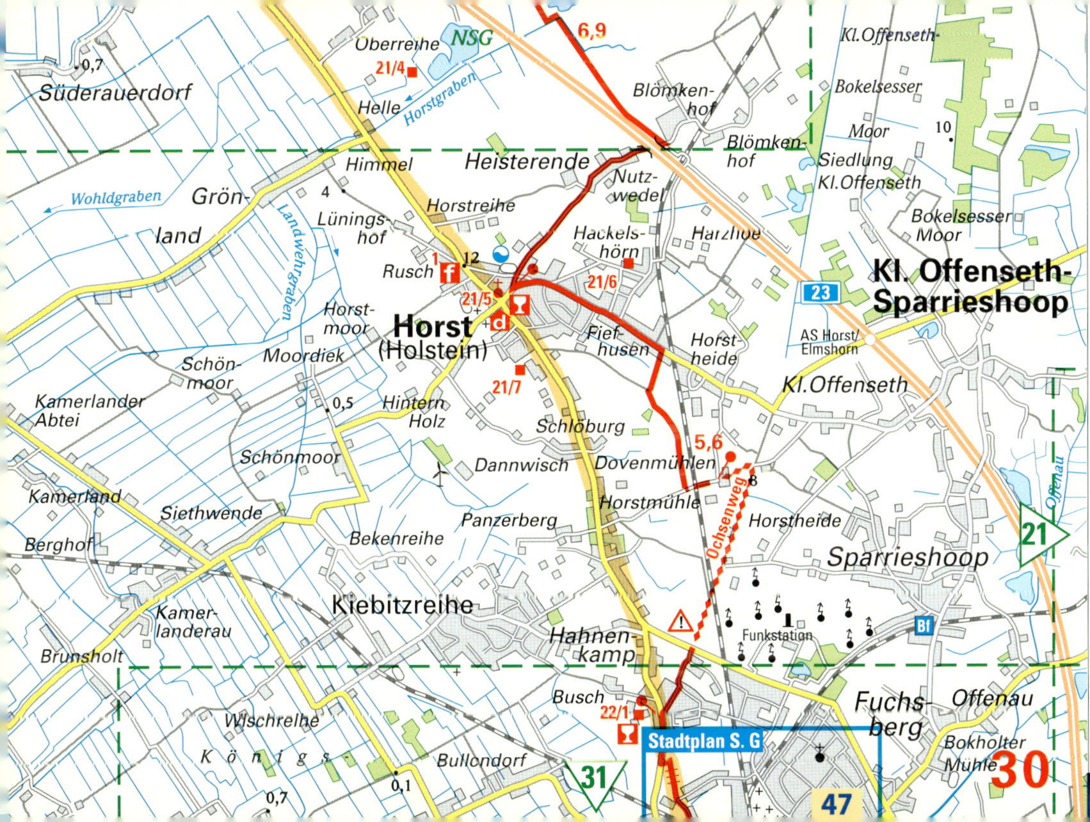


21/3 Torfmoorbahn, noch heute in Betrieb.

21/4 Büchsenwall. Militärische Anlage aus dem 30jährigen Krieg.

21/5 Kirche von 1768-71: Barocker Rechteckbau mit Walmdach und Dachreiter. Deckengemälde.

21/6 Bahnhofstraße mit Pflasterung aus der Zeit der Erbauung des Bahnhofes.

21/7 Der Ochsenrastplatz von Horst.

**Museen:**

M3 Heimatmuseum Lägerdorf, Postgebäude, Dorfstraße 1, 25566 Lägerdorf, Tel. 04828-6461

**Unterkünfte / Infos:**

Unterelbe Tourismus e.V., Große Nübelstraße 31, 25348 Glückstadt, Tel.: 04124-6049592, Fax: 04124 -937586, info@holstein-tourismus.de, www.holstein-tourismus.de

**Fahrradreparatur:**

F1 Freie Tankstelle Werner Nagel, Schulstraße 27, 25358 Horst, Tel. 04126-440

**Weitere Informationen auf Seite 86**

Elbdeich, Haseldorfer Marsch

## Elmshorn - Heist

### Geschichte und Landeskunde

22/1 Pfahlkrug. Alter Ochsenweg-Krug.

22/2 Elmshorn. Im Süden Elmshorns markiert die Ollnusstraße den alten Ochsentriftweg.

22/3 Seester. Altes Marschdorf mit Kirche des 15. Jh.

22/4 Seestermühe. Gutshof mit Park, z.T. zugänglich. Herrenhaus und Gartenpavillon, durch eine ca. 700 m lange, vierreihige Lindenallee verbunden. Neben dem Herrenhaus liegt das ehemalige Armenhaus von 1653, heute Wohnhaus.

22/5 Alter Deich, ein sog. Schlafdeich.

22/6 Naturschutzgebiet Liether Kalkgrube: Beim Bau der dän. Eisenbahn Kiel-Altona 1844 fand man rote Tone, die in den folgenden Jahrzehnten für die Ziegelherstellung abgebaut wurden. Die verfallene Ziegelei „Roter Lehm" zeugt von

22/7 ehemaliger Ochsenweg Krug „Strohsack“

**Sonstige Sehenswürdigkeiten, Erlebnis**

S2 Elbmarschenhaus, Hauptstr. 26, 25489 Haseldorf, Tel.: 04129-955490, www.elbmarschenhaus.de

**Museen:**

M2 Historische Sammlung Haselau, Dorfstraße, 25489 Haseldorf, Tel.: 04129-468

**Unterkünfte / Infos:**

Unterelbe Tourismus e.V., Große Nübelstraße 31, 25348 Glückstadt, Tel.: 04124-6049592, Fax: 04124 -937586, info@holstein-tourismus.de, www.holstein-tourismus.de

**Fahrradverleih / Reparatur**

F1 Fahrradscheune Früchtenicht, Rosengarten 2, 25436 Neuendeich, 04122-42077

F2: Jaspo-Fahrräder, Hauptstraße 26, 25489 Haseldorf, Tel. 04129-1358

**Stadt Elmshorn siehe Karte G und Stadt Uetersen siehe Karte H.**

**Weitere Informationen auf Seite 87**

## Stadt Elmshorn

### Geschichte und Landeskunde

23/1 Nicolaikirche, im 17. Jh. fast vollständig zerstört, danach Wiederaufbau. Südanbau von 1733, Turm von 1881.

23/2 Platz der Elmshorner Herbst-Fettviehmärkte, heute bebaut: Straßenzüge Königstraße (früher Wedenkamp) und Probstendamm.

23/3 Hafenstraße 16. Gesellschaftshaus „Mercator“, Hallenhaus des 18. Jh., Wohnteil-Querbau von 1870. Einst Werftkontor.

23/4 Straße „Damm“ und Brücke über die Krückau. Alte Furt und Zollhaus („Großes Haus“) am Fluss mit Übergang.

23/5 Vormstegen, d.h. Ort vor dem Steg (siehe 23/6). Frühneuzeitlicher Straßenzug.

23/6 Klostersande. Ehemaliger Schiffer- und Fischerort, gehörte einst dem Kloster Uetersen. Seit 1878 zu Elmshorn.

### Museen:

M1 Konrad-Struve-Haus, Bismarckstr. 1, 25335 Elmshorn, Tel. 04121-268871

M2 Industriemuseum Elmshorn, Catharinenstr. 1, 25335 Elmshorn, Tel. 04121-268871

### Unterkünfte/ Infos:

Unterelbe Tourismus e.V., Große Nübelstraße 31, 25348 Glückstadt, Tel.: 04124-6049592, Fax: 04124 -937586,

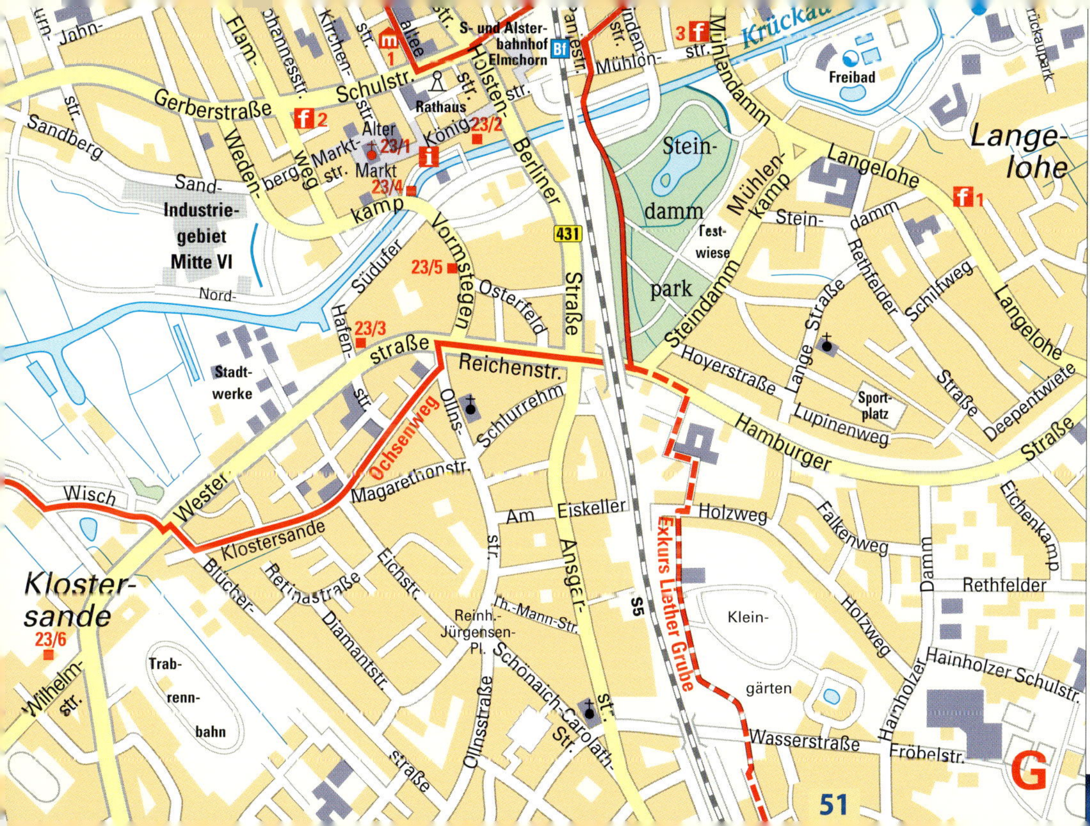


Touristinformation Elmshorn, Alter Markt 7, 25335 Elmshorn
Telefon: 04121-61189

**Fahrradverleih und -reparatur:**

F1 Fahrradbörse, Langelohe 65, 25337 Elmshorn,
Tel. 04121-76463

F2 W. Burmeister, Schulstr. 47, 25335 Elmshorn,
Tel. 04121-20511

F3 Fahrrad Center Bubat, Mühlenstr. 39, 25335 Elmshorn,
Tel. 04121-81357

**Weitere Informationen auf Seite 88**

## Stadt Uetersen

### Geschichte und Landeskunde

24/1 Haus der Priörin

24/2 Kloster

24/3 „Ossenpadd". Einstiger Triftweg der Ochsenherden.

### Sonstige Sehenswürdigkeiten, Erlebnis

S1 Rosarium Uetersen,

### Museen:

M1 Stadt- und Heimatkundliches Museum Uetersen, Parkstraße 1 c, 25436 Uetersen, Tel. 04122-41919

M2 Museum „Langes Tannen", Heidgrabener Straße, 25436 Uetersen, Tel. 04122-714202

### Unterkünfte / Infos:

Unterelbe Tourismus e.V., Große Nübelstraße 31,
25348 Glückstadt, Tel.: 04124-6049592, Fax: 04124 -937586,
info@holstein-tourismus.de, www.holstein-tourismus.de

Stadtverwaltung Uetersen, Wassermühlen Str. 7,
Tel. 04122-714208, www.stadt-uetersen.de

**Fahrradreparatur:**

F1 Zweirad Ziegler, Mühlenstr. 20, 25436 Uetersen, Tel. 04122-2282

In Uetersen (Am Mühlenteich) teilt sich der Ochsenweg in Richtung Norden in eine östliche und eine westliche Wegeführung. Ab Wassermühlenstr. kann auch dem Exkurs „Liether Grube" auf dem Weg nach Elmshorn gefolgt werden.

**Weitere Informationen auf Seite 89**

Im Klostergarten

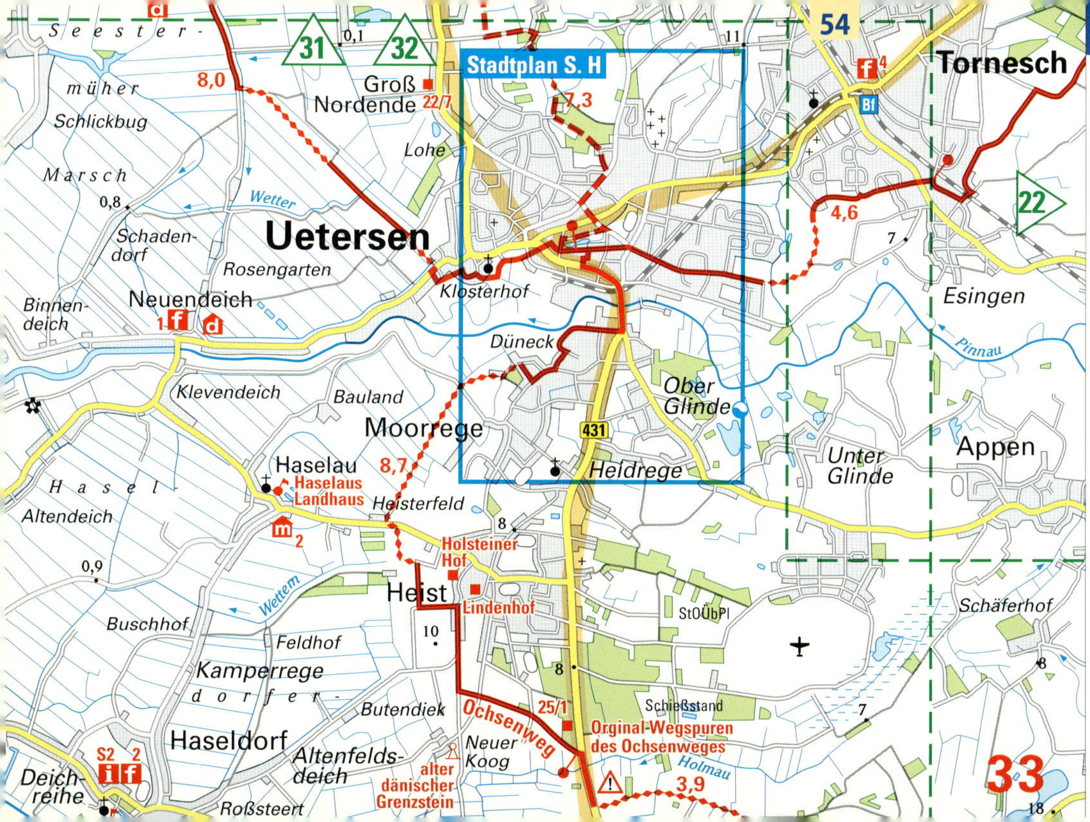


## Heist - Elbe

### Geschichte und Landeskunde

25/1 Wegespuren des Ochsenweges südlich von Heist

25/2 Naturschutzgebiet Holmer Sandberge mit Binnendünen.

25/3 Luisenhöh, nahe dem Wedeler Krankenhaus. Wegespuren des Ochsenweges.

25/4 Die Hatzburg bei Wedel. Mehrfach aus- und umgebaute Burg der schauenburgischen Landesherren, erstmals 1311 urkundlich erwähnt. Ausgrabungen des Archäologischen Landesamtes Schleswig-Holstein in den Jahren 1987-89.

25/5 Fährmannsand. Sandbank im Vorfeld der Wedeler Fährstelle.

### Unterkünfte / Infos:

Unterelbe Tourismus e.V., Große Nübelstraße 31, 25348 Glückstadt, Tel.: 04124-6049592, Fax: 04124 -937586, info@holstein-tourismus.de, www.holstein-tourismus.de

Elbmarschenhaus, Hauptstraße 26, 25489 Haseldorf, Tel. 04129-955490, www.elbmarschenhaus.de

### Museen

M2 Historische Sammlung Haselau, Dorfstraße, 25489 Haseldorf, Tel.: 04129-468

M3 Heimatmuseum Holm, Hauptstraße, 25488 Holm, Tel.: 0 41 03 -22 23

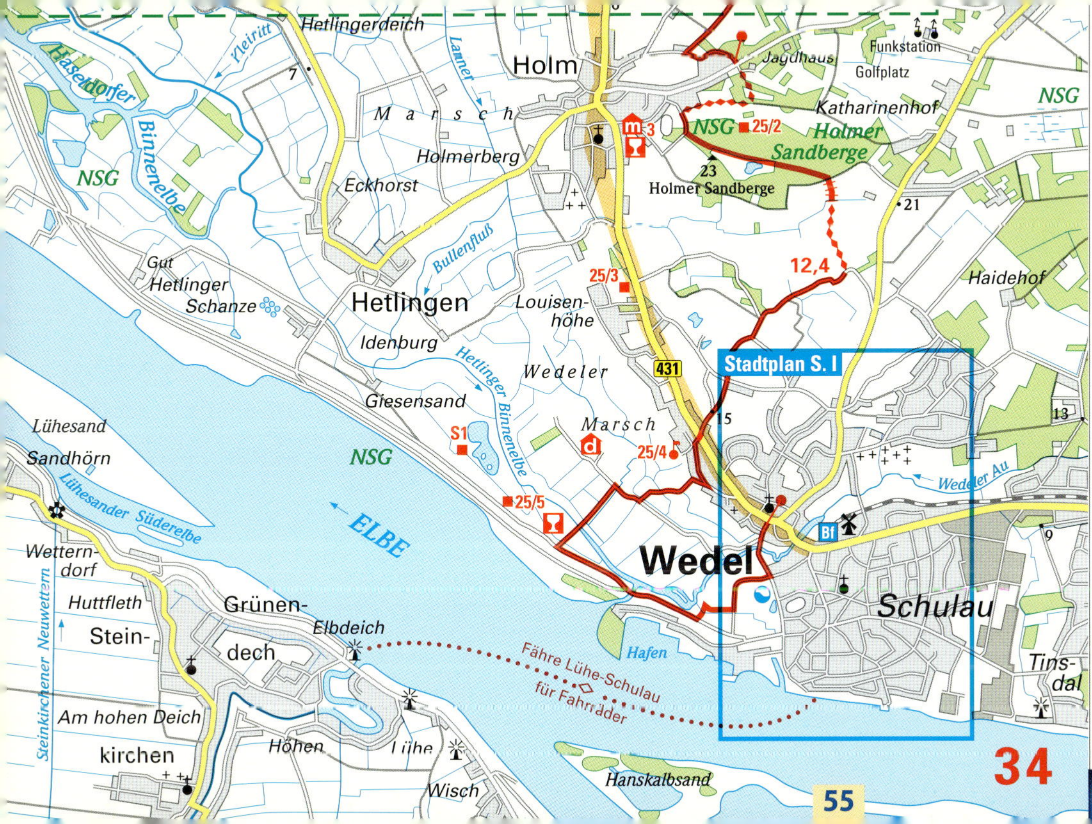


## Sonstige Sehenswürdigkeiten, Erlebnis

S2 Elbmarschenhaus, Hauptstraße 26 , 25489 Haseldorf, Tel. 04129-955490, www.elbmarschenhaus.de

## Fahrradverleih / Reparatur

F1 Fahrradscheune Früchtenicht, Rosengarten 2, 25436 Neuendeich, 04122-42077

F2: Jaspo-Fahrräder, Hauptstraße 26, 25489 Haseldorf, Tel. 04129-1358

## Weitere Informationen auf Seite 90

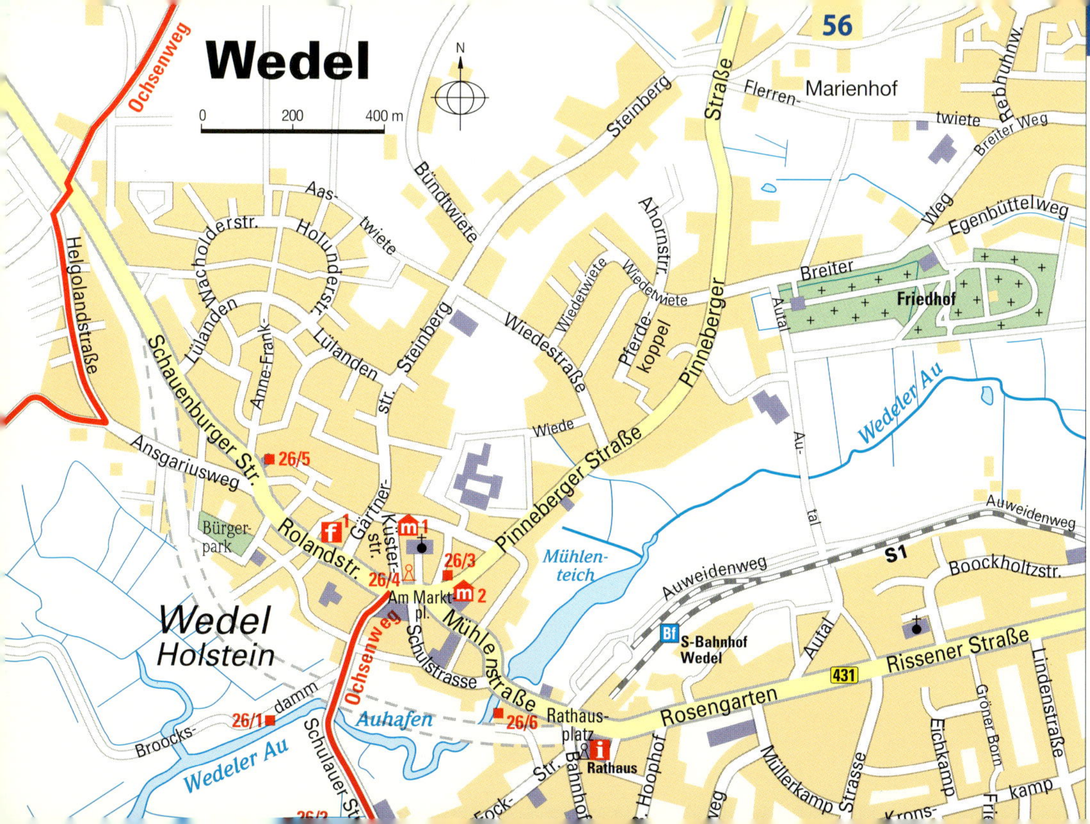


## Stadt Wedel

### Geschichte und Landeskunde

- 26/1 Alte Fährstelle im alten Wedeler Hafen.
- 26/2 Festplatz an der Schulauer Straße. Hier findet alljährlich am dritten Mittwoch im April der Wedeler Ochsenmarkt statt.
- 26/3 Ecke Pinneberger Straße / Rolandstraße: Figurengruppe, die einen Ochsenhandel darstellt.
- 26/4 Der Wedeler Roland. Einstige Stätte des Ochsenmarktes.
- 26/5 Schauenburger Straße 4: Reepschlägerhaus von 1758 mit ehemaliger Werkstatt eines Seilmachers.
- 26/6 Mühlenstraße 28: Alte Wassermühle am Mühlenteich und altes Brauhaus von 1731.

### Sonst. Sehenswürdigkeiten, Erlebnis:

- S1 Fährmannssand / Schiffsbegrüßungsanlage

### Museen:

- M1 Heimatmuseum Wedel, Küsterstr. 5, 22880 Wedel, Tel. 04103-13202
- M2 Ernst-Barlach-Museum, Mühlenstr. 1, 22880 Wedel, Tel. 04103-918291
- M3 Buddelschiffmuseum im Schulauer Fährhaus, Parnassweg, 22880 Wedel, Tel.: 04103 92 00 16

## Unterkünfte / Infos:

Unterelbe Tourismus e.V., Große Nübelstraße 31, 25348 Glückstadt, Tel.: 04124-6049592, Fax: 04124 -937586, info@holstein-tourismus.de, www.holstein-tourismus.de

Touristische Information im Rathaus Wedel, Rathausplatz 3-5, 22880 Wedel, Tel. 04103-707393, www.wedel.de

## Fahrradreparatur:

F1 Fahrradhaus Langbehn, Rolandstr. 1, 22880 Wedel, Tel. 04103-85334

F2 H.-Uve Köhler, Bahnhofstr. 69, 22880 Wedel, Tel. 04103-2495

**Weitere Informationen auf Seite 91**

# Grundzüge der Geschichte des Ochsenweges

Noch heute findet man in Schleswig-Holstein Straßen und Wege mit dem Namen „Ochsenweg". Der Name leitet sich von den Ochsentriften ab, die seit dem 14. Jahrhundert durch Jütland zu den großen Märkten im Süden des Landes stattfanden. Von hier brachte man die Tiere zur Mast auf die fetten Weiden der Marschen, oder setzte sie nach Niedersachsen über, um sie weiter bis ins Rheinland und bis nach Holland zu treiben.

Die hohe Zeit der Ochsentriften war das 16. und 17. Jahrhundert. Zur Haupttriftzeit im Frühjahr wurden bis zu 50.000 Ochsen an den Zollstellen registriert. Veränderungen im Wirtschaftsgefüge und der Bau der Eisenbahn brachten die Ochsentriften dann um die Mitte des letzten Jahrhunderts zum Erliegen.

Schon seit der Jahrtausendwende berichten Chronisten von Kriegszügen, die auf „dem großen Landweg" stattfanden. Dänische Forscher haben daher den Namen „Heerweg" („Hærvej") geprägt. Es gilt heute als sicher, dass sich „Heerweg" und „Ochsenweg" vom Trassenverlauf entsprechen.

Bis zum 16. Jahrhundert war der „Ochsen-," bzw. „Heerweg" aber auch ein Pilgerweg. Denn mit der Christianisierung der nordischen Welt im 10. und 11. Jahrhundert setzten Pilgerreisen zu den heiligen Stätten der Christenheit in Rom, Jerusalem und Santiago de Compostella ein.

Vorgeschichtliche Denkmäler belegen, dass der „Ochsen-," bzw. „Heerweg" in noch älterer Zeit bereits als Fernweg bekannt war. Häufig flankieren ihn Grabhügel der älteren Bronzezeit (1.700-1.000 v. Chr.).

Bild einer Ochsentrifft von 1860

Bis zur ersten Hälfte des 19. Jahrhunderts war der alte Fernweg eine unbefestigte Piste, deren Lauf sich je nach Zustand und Anforderung ändern konnte. Zur Unterscheidung eines anderen, im Bereich der Westküste des Landes verlaufenden Altwegezuges ist heute auch die Bezeichnung „östlicher Heerweg" üblich. Trotz der Vielzahl der beschriebenen Bezeichnungen für den Weg wollen wir es im Folgenden bei dem Namen „Ochsenweg" belassen.

Urtümlich wirkender Eichen-Weidewald

## Von der Natur- zur Kulturlandschaft

Vor 6.000-7.000 Jahren ließen sich Menschen sesshaft in Schleswig-Holstein nieder. Ihre Lebens- und Wirtschaftsweise ist die Ursache für den Wandel der Natur- zu einer Kulturlandschaft. Der nötige Raum wurde durch Rodung der lichten Urwälder geschaffen, die bis zur Besiedelung das Land durchzogen. Zudem trug in den Wäldern geweidetes Vieh durch Verbiss zur Störung des Waldwachstums bei. Auf sandigen Flächen führte dies zur Heidebildung. In der Völkerwanderungszeit im 5. und 6. Jh. n. Chr. dehnte sich der Wald zwar erneut aus, doch mit Beginn der Wiederbesiedlung im 7. Jh. n. Chr. mussten abermals Flächen gerodet werden. Auch der Bevölkerungszuwachs ab dem 12. Jahrhundert führte zur verstärkten Abholzung der Wälder.

Im ländlichen Bereich rodeten auf Geheiß der Landesherrschaft angesiedelte und ihren Grundherren gegenüber „hörige“ – also abgaben- und später auch dienstpflichtige – Bauern Wälder und entwässerten Niederungen. Damals bildete sich der gesellschaftliche Status des Adels heraus: Adlige bewirtschafteten abgabenfreie Hofstellen, wofür sie dem Landesherrn Kriegsdienste zu leisten hatten. So entstand das Rittertum. Ländereien waren Adligen (bzw. Rittern) und Bauern aber nur zur Nutzung, nicht als Eigentum, gegeben. Beide durften jedoch Wirtschaftsflächen durch Rodung vergrößern. Im ländlichen Bereich wurden Adlige zu Gutsherren. Da Gutsland steuerfrei blieb, wurde es nach Kräften erweitert. „Gutslandschaften“ mit großen Schlägen, mächtigen Eichen als Überhälter und eingesprengten Waldresten entstanden. Im Zuge der Agrarreform des späten 18. Jahrhunderts lösten sich die Feldgemeinschaften auf und die gemeinschaftlich bewirtschafteten Flächen wurden aufgeteilt. Bauern friedeten ihr Land mit, bis heute landestypischen, Knicks ein. Ihnen als Ausgleich für verlorene Nutzungsrechte am „Gemeinwald“ zuerkannte Waldflächen wurden später oft gerodet oder als Kratt bewirtschaftet. Gleichzeitig führte intensivere Landwirtschaft zu Vorstößen in Moor- und Heidegebiete. Es entstanden landesherrlich geförderte „Kolonien,“ kleinbäuerliche Betriebe mit Parzellen Ödlandes, das von Kolonisten kultiviert werden sollte. Seit dem letzten Jahrhundert in der Landwirtschaft zur Verfügung stehende Maschinenkraft tat ein Übriges, um Heide und Moor in Nadelforst und Agrarland zu überführen. ●

# Aufzucht der Ochsen und Ochsenhandel

Der jütische Schlag ist von feinem, zartem Knochenbau, tiefleibig, kurzbeinig, von verhältnismäßig größerer Länge als Höhe, in den Vordertheilen verhältnismäßig schwächer als in den Hintertheilen, hat, gegen die anderen Racen gehalten, kleinere Kinnladen, einen kleinen Kopf, dünneren, kürzeren Hals und weniger dickes, vielmehr spitz auslaufendes Maul, kräftige Muskeln, ist munter und hart, gedeiht bei mäßiger Nahrung schon, setzt aber, im Ganzen genommen, ... bei vorzüglicher Fütterung und Weide mehr Fleisch und Fett, als Milch ab, daher sie sich besser zur Mastung, als zur Milchgewinnung eignet. Man trifft sie von allen Farben, mit Ausnahme von rothen, braunen und gelben, die äußerst selten gefunden werden; die schwarze und graue Farbe findet sich sehr häufig mit der weißen bald meliert, bald gescheckt".

Grünes Binnenland

Mit dieser Beschreibung können wir uns Aussehen und Beschaffenheit von Rindern aus der Zeit der Ochsentriften vorstellen. Wie sah aber das Leben und Arbeiten derjenigen aus, die die Tiere aufzogen?

Darstellung eines Ochsenkruges

Abgesehen von ihren Pflichten dem Grundherrn gegenüber hatten die Bauern Verfügungsgewalt über ihre Produkte.
Rinderhaltung garantierte ihnen einen Teil des Einkommens. Weibliche Kälber wurden Milch- und Mutterkühe, man brauchte sie für die Zucht und den eigenen Fleischbedarf. Männliche Kälber

kastrierte man im Alter von einem Jahr. Sie wurden damit Ochsen. Indem sie die normale Entwicklung nach der Geschlechtsreife zum Bullen nicht mehr durchliefen, entwickelten sie auch nicht dessen „bullige" Gestalt. Ochsen wurden vier bis fünf Jahre aufgezogen. Fünfjährige Tiere setzten die Bauern in der Feldarbeit ein und verkauften sie im Herbst. Die Trift fand aber erst im nächsten Frühjahr statt. Im Winter vor der Trift wurden die betreffenden Ochsen gut gefüttert.

Sankelmarker See

## Der historische Ochsenweg

Im Raume Flensburg gab es drei Stränge des alten Fernweges. 1. der westliche mit „Diebsweg", „Margarethenweg" und „Tondernweg", 2. der Triftweg - er heißt noch heute „Alter Ochsenweg" - und 3. der über Flensburg („Krummer Weg", Altstadt und Chaussee nach Schleswig) führende Weg. Im Süden von Jarplund vereinigten sich 2. und 3., ein Triftweg führte über Munkwolstrup.

# Flensburg, ein Handelszentrum

Die Ursprünge Flensburgs liegen weitgehend im Dunkeln. Etwa um 1200 wuchs die Stadt an der Förde aus den drei Kirchengemeinden St. Johannis, St. Marien und St. Nikolai zusammen und entwickelte sich rasch zu einem bedeutenden Handelszentrum.

Das mittelalterliche Flensburg entwickelte sich überwiegend entlang dem parallel zur Förde verlaufenden Straßenzug Norderstraße, Große Straße und Holm. Im Norden markiert das Nordertor, Flensburgs Wahrzeichen, noch heute den Stadteingang aus der Zeit um 1600.

Flensburg besaß einen eigenen Ochsenmarkt. Noch heute gibt es hier einen Straßenzug mit dem Namen „Am Ochsenmarkt“. Es ist bekannt, dass sich besonders Flensburger Händler am Ochsenhandel beteiligten. ●

Flensburger Hinterhof

Nordermark mit Schrangen

# Krieg und Frieden

Mit dem Kartenausschnitt sind zwei geschichtliche Aspekte des Ochsenweges zu beleuchten, wie sie gegensätzlicher nicht sein könnten. Zum einen finden sich in ihm mit Sankelmark, Oeversee und Idstedt gleich drei Kriegsschauplätze des letzten Jahrhunderts. Zum anderen sind es zwei Orte – Helligbek und Poppholz – entlang desselben Weges, die vom Sieges-

Idstedt Gedächtnishalle, Museum der deutsch dänischen Fehde von 1848-1850 und 1863-1864

Feldsteinkirche mit gotischem Deckengewölbe in Oeversee

Jagdstein

zug des Christentums in der nordischen Welt künden. Die Jahre 1848-50 und 1863-64 sind in die Annalen Dänemarks und Deutschlands als die Zeit der deutsch-dänischen Kriege eingegangen. Im Streit um die Trennung Schleswig-Holsteins vom dänischen Gesamtstaat, bzw. der Eingliederung des Herzogtums Schleswig nach Dänemark kam es 1848 bei Oeversee und 1850 bei Idstedt zu Kämpfen.

Bei Helligbek findet sich ein Großsteingrab aus der Jungsteinzeit, das im Volksmund „Tauf-„ oder „Poppostein“ heißt. Der Sage nach soll hier der dänische König Harald Blauzahn im Jahre 965 von dem Missionar Poppo getauft worden sein. Die Annahme des christlichen Glaubens in der nordischen Welt der Wikinger ist zu einem Großteil der Tatkraft Poppos zu verdanken. ●

### Der historische Ochsenweg

Der Lauf des Ochsenweges entspricht zwischen Oeversee und Idstedt etwa der Chaussee Flensburg – Schleswig. Im nördlichen Kartenausschnitt mündet der „Tondernweg“ bei Fröruphof. Ein Triftweg mit zwei Verbindungen zeichnet sich östlich der Hauptstraße zwischen Süderschmedeby, Stenderup und Idstedt ab.



# Das Danewerk – größtes archäologisches Denkmal Nordeuropas

Keine Region in Schleswig-Holstein ist so reich an archäologisch und landesgeschichtlich bedeutsamen Stätten wie die Umgebung von Schleswig. Zu ihnen zählen ebenso vorgeschichtliche Großsteingräber und Grabhügel wie auch Siedlungen der Wikingerzeit und des Mittelalters. Sie alle werden aber in den Schatten gestellt durch das „Danewerk“, den einstigen Sperrriegel der

Das Danewerk bei Kurburg

Schäferin am Ochsenweg bei Lürschau

## Der historische Ochsenweg

Nördlich von Schleswig verzweigt sich der Ochsenweg: eine Trasse führt über Schuby und Dannewerk. Westlich davon markierten ca. 40 Grabhügel einen bronzezeitlichen Weg. Schleswig ist von Norden über den „Königsweg", („via regia") angebunden. Der Weg nach Süden entspricht etwa dem Verlauf der B77. Bei Mielberg vereinigen sich die Trassen.

Schleswiger Landenge, der mit seinen 30 Kilometer langen Wallzügen den Titel „größtes archäologisches Denkmal Nordeuropas" für sich beanspruchen darf. Im Ort Dannewerk wird beim sog. Rothen Krug das „Wiglesdor", der alte Durchlass vermutet. Vom Museum Danevirkegården führt ein Fußsteig zur Waldemarsmauer. König Waldemar der Große (1157-82) von Dänemark ließ die Mauer im 12. Jahrhundert errichten. Sie ist das älteste aus Ziegelsteinen gebaute Befestigungswerk Nordeuropas. ●

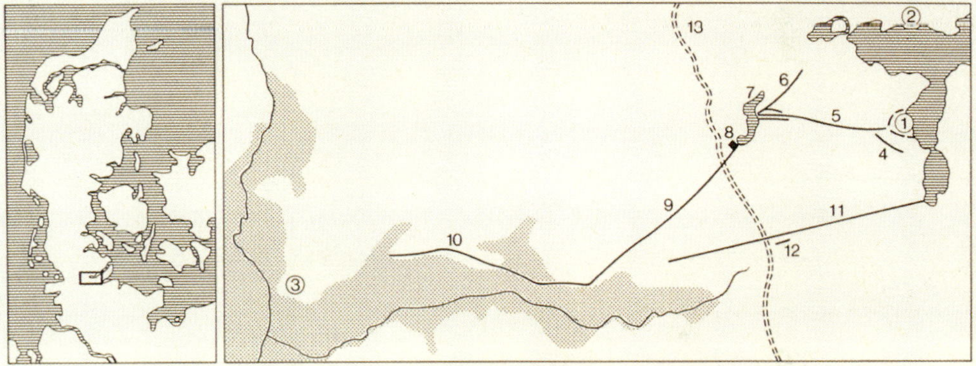

*Abb. 1 Die Schleswiger Landenge mit dem Danewerk und dem Kograben. 1 Haithabu, 2 Schleswig, 3 Hollingstedt, 4 Vorwall, 5 Verbindungswall mit Doppelwall und Bogenwall, 6 Alter oder Nordwall, 7 Dannewerker See, 8 Thyraburg, 9 Hauptwall mit Waldemarsmauer, 10 Krummwall, 11 Kograben, 12 Kurzer Kograben.*

Schematischer Grundriss des Danewerks

# Haithabu und Schleswig – vom Handelsplatz der Wikinger zur barocken Residenz

Im Bereich der innersten Schlei liegen die Stadt Schleswig und das längst vergangene Haithabu. Heute noch wird der alte Siedlungskern Haithabus durch einen baumbestandenen Halbkreiswall im Gelände nachgezeichnet.

Blick auf den Schleswiger Dom

Schloss Gottorf, heute Sitz der Schleswig-Holsteinischen Landesmuseen

Seine größte Bedeutung erreichte der Ort durch die Konzentration handwerklich produzierender Stätten in Verbindung mit dem Fernhandel. Haithabu war aber auch ein wichtiger Stützpunkt der christlichen Mission Nordeuropas. 948 wurde der Ort zum Bischofssitz erhoben.

Der Halbkreiswall zeichnet sich im Winter deutllich ab.

Die Anfänge Schleswigs liegen in der Zeit des Niederganges von Haithabu. Besondere Bedeutung hatte es durch die Königspfalz, einem Vorgängerbau des sog. Grauklosters mit dem heutigen Rathaus. Auch der Dom „St. Petri" unterstreicht die damalige Stellung der Stadt.

Der Sitz des Bischofs war seit dem Ende des 12. Jahrhunderts Gottorf. Spätestens seit dem 14. Jahrhundert diente Schloss Gottorf als Zollstelle des Heer- bzw. Ochsenweges. 1544-1713 war die Blütezeit von Schloss Gottorf. Seit 1947 befinden sich in seinen Räumen die Schleswig-Holsteinischen Landesmuseen. ●

Fortsetzung Kartenblätter 7-8

Der Ochsenweg zwischen Sorgbrück und Kropper Busch

## „Du büs Kropper Busch noch ni vörbi!"

Dieser Satz prangt an der Gastwirtschaft „Kropper Busch", die auf einen Ochsenweg-Krug zurückgeht. Den oben zitierten Satz würde man mit: „Du bist noch nicht durch den Kropper Busch hindurch" übersetzen.

Warum gab man aber Reisenden diese unverhohlene Warnung mit auf den Weg? In der Umgebung von Kropp herrscht heute die Meinung vor, man hätte damit vor Räubern und Wegelagerern warnen wollen. Diese Lesart ist strittig.

Der „Kropper Busch“ mit ausgedehnten Heideflächen galt als schwieriges Wegestück. Wagen versanken im Sand und manches Rad wird hier gebrochen sein. Also: „Freue Dich nicht zu früh auf das Ende Deiner Reise, Du hast den „Kropper Busch“ noch vor Dir!“

## „Ochsenwegkrüge“

Da eine Ochsentrift mehrere Wochen dauerte, musste die Versorgung von Mensch und Tier sichergestellt werden. Wichtig waren am Triftweg liegende Gasthäuser, die Ochsenweg-Krüge. Hier gab es Wasser, Futter und Rastplätze für die Tiere sowie Unterkunft und Verpflegung für Händler und Treiber. Im Durchschnitt lag pro Meile ein Ochsenweg-Krug.

In Krugnähe gab es Viehlagerplätze, die bereits von den „Futterschaffern“, wie sie jeder Herde vorstanden, angemietet worden waren. Während der „Futterschaffer“ im Krug ein standesgemäßes Quartier bezog, schliefen die Treiber häufig im Stall oder sogar draußen bei den Herden, denn sie mussten unter allen Umständen vermeiden, dass sich die Herden vermischten. War dies geschehen, konnte man erst nach umfänglicher Sortierarbeit die Trift fortsetzen.

## Binnendünen

Im Kartenausschnitt unten befindet sich mit den „Sorgwohlder Binnendünen“ eine landschaftliche Besonderheit am Ochsenweg.

Binnendünen verdanken ihre Entstehung eiszeitlichen Sandverwehungen. Trotz ihrer Nährstoffarmut sind sie im Laufe der Zeit meist von Eichen-Birken-Wald und Heidevegetation festgelegt worden. Im Mittelalter gerieten sie aber wieder in Bewegung, als die Pflanzendecke durch Waldrodung, Schafbeweidung oder Viehtriften zerstört wurde. Die meisten Binnendünen des Landes sind heute aufgeforstet.

### Der historische Ochsenweg

Südlich von Mielberg lief der Ochsenweg durch den „Kropper Busch“. Bei Kropp traf er auf die „via regia“, die etwa dem Verlauf der B 77 entsprach. Bei „Feldscheide“ und südlich der Sorge-Furten verzweigte sich der Weg. Ein Trassenbündel führte nach Fockbek, die „via regia“ lief über Alt Duvenstedt nach Rendsburg.

# Eis und Schmelzwasser formen das Land

Die Landschaft zwischen den Flüssen Sorge und Eider lädt zu einem Blick in die Entstehungsgeschichte Schleswig-Holsteins ein. Mehrmals hat sich innerhalb der jüngsten Erdgeschichte in Nordeuropa ein großes zusammenhängendes Inlandeis aufgebaut.

Das Relief Schleswig-Holsteins wurde von den Gletschern der letzten beiden Glaziale (Saale- und Weichseleiszeit) geprägt. Unter und vor dem Eis wurden Geschiebemergel, Sand und Kies abgelagert. Es entstanden wellige Grundmoränen, hügelige Endmoränen und ebene Sanderflächen. Da diese Moränen älter sind als die der jüngsten Vereisung, werden sie Altmoränen genannt. Sie bilden zusammen mit den Sandern den mittleren Teil des Landes, den man Geest nennt.

Kirche in Jevenstedt

Vor der Hauptstillstandslinie lagerte sich aus Skandinavien und dem Ostseebecken herangeführter Gesteinsschutt ab. End- und Stauchmoränen wie die Höhenzüge der Fröruper, Hüttener und Duvenstedter Berge sind das Ergebnis.

## Mehr Hohn als Fockbek?

## Die Geschichte von den „Aalversupers"

Über die Fockbeker erzählt man sich eine Geschichte: Als die Salzheringe aufkamen, kauften sich die Fockbeker ein ganzes Fass voll. Um noch mehr davon zu haben, setzten sie die Salzheringe im Armensee aus, damit sich diese vermehren konnten. Als im Herbst das Wasser des Sees abgelassen wurde und man die Salzheringe einsammeln wollte, fand sich aber kein einziger mehr. Stattdessen wurde man im Schlamm eines Aals gewahr, den man gleich als den Schuldigen für das Fehlen der Salzheringe erkannte. Es wurde eine Strafe für ihn ersonnen. Und sie beschlossen, den Aal zu ertränken – weil das nach einhelliger Meinung der schlimmste Tod sei. Der Aal wurde also in die Eider geworfen, was ihm sichtlich behagte, denn er schlug das Wasser mit dem Schwanz, dass es nur so spritzte.

Die Fockbeker sprachen aber: „Kiek, wat he sik quält, he hett ok nix anners verdeent!" („seht wie er sich quält, er hat auch nichts anderes verdient"). Seitdem nennt man sie „de Aalversupers" (die Aalertränker). •

### Der historische Ochsenweg

Im Brennpunkt des Ochsenweges um Rendsburg steht die Eider. Sie wurde in der Stadt gequert, Furten gab es auch westlich davon. Der Triftweg führte über Fockbek nach Rendsburg, eine andere Trasse ist der Grönsfurter Weg. Die „via regia" verlief über Alt Duvenstedt. Südlich von Rendsburg vereinigen sich die Wege, das nächste Wegekreuz liegt in Jevenstedt.

# Rendsburg, einstige Festung und Grenzstadt

Der Name „Reinoldesburch" wird erstmalig 1199 in einer Chronik genannt. Etwas älter noch ist die Erwähnung einer Eiderbrücke, in der Nähe der Burg.

Schon zur Wikingerzeit war die Eider Grenzfluss, zunächst zwischen dem Königreich Dänemark und dem Frankenreich, später zwischen den Herzogtümern Schleswig und Holstein.

Altstädter Markt

Den südlichen Ausgang der Stadt markierte das Holsteiner Tor. Hier stand der Schriftzug „Ende des Römischen Reiches" – womit das „Heilige Römische Reich Deutscher Nation" gemeint war – und unterstrich eindrucksvoll den Charakter Rendsburgs als Grenzstadt.

Auch Rendsburg eignete sich hervorragend als Stätte zur Erhebung von Durchgangszöllen, denn ein weiterer, von der Westküste kommender Ochsentriftweg verband sich etwa beim Orte Kropp mit unserem Nord-Süd-Weg und durchlief nicht die Zollstellen bei Schleswig. Das zeitgenössische Rendsburg erhielt durch die Anlage des Nord-Ostsee-Kanals neue Impulse und entwickelte sich zu einem angesehenen Werftstandort. Das Wahrzeichen der Stadt ist die 1913 fertig gestellte Eisenbahn-Hochbrücke mit darunterhängender Schwebefähre. ●

Plan der Festung Rendsburg, ca. 1850

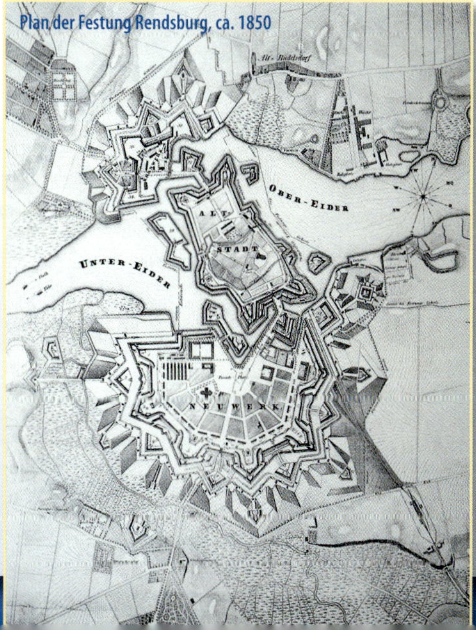

# Heidegebiete einst und jetzt

Die ersten Heidelandschaften des Landes entstanden bereits vor 6.000 Jahren. Damals begannen die Menschen, Siedlungsinseln in den Urwald zu schlagen. Eine zunehmende Auswaschung von Nährstoffen begünstigte die Ausbreitung der genügsamen Heidepflanzen.

Die im Mittelalter durch großflächige Waldrodung entstandenen Heiden dienten Dorfbewohnern im Rahmen der damals üblichen gemeinschaftlichen Landnutzung („Allmende") zum Weiden von Bienen und Vieh sowie zur Gewinnung von Brennmaterial oder Stalleinstreu. Inzwischen sind sie, durch das Aufkommen von Mergel-, bzw. Mineraldünger, aus dem Landschaftsbild fast verschwunden. Ihr Anteil ist auf unter 0,5% gesunken. ●

Die Besenheide ist eine attraktive Blütenpflanze für Schmetterlinge, hier ein Feuerfalter

Wanderschafherden werden zur Landschaftspflege eingesetzt. Sie weiden auch auf erhaltenen Ochsenwegtrassen.

Die Zauneidechse ist sogar in Heiden selten geworden. Hier ein prächtig gefärbtes Männchen.

Auch Raubfliegen sind auf warme sonnige Standorte wie die Heide angewiesen.

## Der historische Ochsenweg

Wir folgen dem südlich von Jevenstedt nach Südosten abbiegenden Ochsenweg-Strang. Die L 328 vollzieht diese Trasse - vorbei an Nienkattbek, über Ochsenkate und Brammerau - nur noch vage nach. Beiderseits der Bundesstraße haben sich Wegerelikte erhalten. Weitere Altwege führten über Nienkattbek nach Süden.

Neugotische Hallenkirche von 1872-74 in Nortorf

Kartenblätter 13-14

# Ein Geestdorf um 1600 und um 1800

Wie sehr sich dörfliches Leben schon zur Zeit der Ochsentriften veränderte, zeigt uns ein Blick in die Zeit um 1600 und um 1800. Um 1600 war die sog. Koppelwirtschaft üblich. Ihr Kern ist eine auf Viehhaltung ausgerichtete Wirtschaft. Die Anzahl des gehaltenen Viehs wurde durch die Möglichkeit bestimmt, dieses über Winter im Stall mit Futter zu versorgen. Mähwiesen waren daher festes Eigentum der Bauern. Der Rest der dörflichen Wirtschaftsflächen war mehr oder minder offenes Land. Hier herrschte Flurzwang. Das bedeutet, dass größere Flächen, man nannte sie „Schläge", gemeinschaftlich bewirtschaftet wurden.

Am Ende des 18. Jahrhunderts wurde die Landwirtschaft modernisiert. Der Flurzwang wurde aufgehoben, die einzelnen Nutzflächen zusammengelegt und „verkoppelt". Als Begrenzung legte man Wallhecken, sog. Knicks an.

Mit dieser Reform, konnte der Bauer nun erstmals nach eigenem Ermessen wirtschaften.

## Die „Knicks", ein Markenzeichen Schleswig-Holsteins

Knicks sind aus dem heutigen Landschaftsbild nicht mehr wegzudenken.

Sie bestehen aus einem mit den Gehölzen der Umgebung bepflanzten Erdwall. Alle 10-15 Jahre wird der Knick „auf den Stock gesetzt" – d.h. abgesägt.

Knickharfe

Der Name „Knick" rührt daher, dass man junge Äste parallel zum Wall „herunterknickte".
Neben der Funktion als Feldgrenze erfüllen „Knicks" in der bäuerlichen Kulturlandschaft mannigfaltige Aufgaben. Sie sind eine wirkungsvolle Wind- und Erosionsbremse und (waren) eine ergiebige Holzquelle. Im Knick wuchsen Früchte, die man verwertete: Speisen und Getränke wie Fliederbeersuppe, Hagebuttenmarmelade, Brombeergelee und Schlehenlikör sind „Highlights" der Esskultur Schleswig-Holsteins. ●

## Der historische Ochsenweg

Im Kartenausschnitt ist die L 328 ein vager Anhaltspunkt für die Richtung des alten Fernweges. Nortorf, Timmaspe und Krogaspe wurden passiert. In Krogaspe befindet sich ein Straßenzug mit Namen „Ossenweg". Westlich von Timmaspe sind in der Gemarkung Großenheide Fahrspuren von Gespannen zu erkennen.



# Frühgeschichtliche und hochmittelalterliche Burgen

Eine Befestigungsruine bei Neumünster-Wittorf gibt uns Gelegenheit, etwas aus der Zeit des 8. bis frühen 12. Jahrhunderts zu erfahren. Es handelt sich um eine ehemalige sächsische Burg, von der noch ein spärlicher Ringwallrest erhalten blieb.
Die Wittorfer Burg gehört in ein System von östlich gerichteten Verteidigungsanlagen, das sich von der Eider als der dänischen Reichsgrenze bis an die Elbe zog. Die in ziemlich regelmäßigen Abständen voneinander

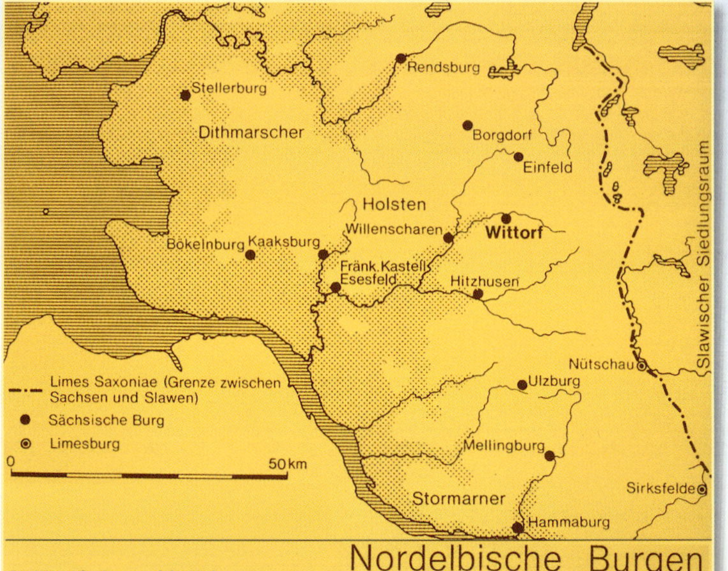

Die Wittorfer Burg und die Verbreitung sächsischer Burgen in Holstein

Steinbrücke Brokenlande

liegenden Burgen sind an strategisch wichtigen Punkten der damaligen sächsischen Gaue errichtet worden. Ihre Lage erweist sich aber nur dann als sinnvoll, wenn sie untereinander in Verbindung standen. Auf diese Weise erfahren wir auch etwas über die Wegeführungen besonders des 8. bis 10. Jahrhunderts. Hierbei finden wir für den Bereich zwischen Rendsburg und Neumünster eine Bestätigung dafür, dass der „Ochsenweg" bereits in älterer Zeit als Wegetrasse bekannt war. Dies bezeugen die ehemaligen Burgen von Rendsburg, Borgdorf, Neumünster-Einfeld und Neumünster-Wittorf. Südlicher scheint es zur genannten Zeit aber schon einen anderen Fernweg gegeben zu haben. Er verlief über Hitzhusen, Ulzburg in Richtung auf die Hammaburg (von ihr leitet Hamburg seinen Namen ab) zu. ●

### Der historische Ochsenweg

Südlich von Neumünster verliert sich der Lauf des Ochsenweges im Bereich der anzunehmenden Furt(en) durch die Stör. Wichtige Anhaltspunkte sind ein Straßenzug „Ochsenweg" südlich der Stadt und die Wittorfer Burg. In Richtung Süden orientiert sich die B4 am alten Triftweg, die „via regia" führte über Boostedt.

Kartenblatt D

# Neumünster – vom Augustiner Chorherrenstift zum modernen Verkehrsknotenpunkt

Obwohl Neumünster heute mit ca. 80.000 Einwohnern die viertgrößte Stadt des Landes ist, war sie bis 1870 nur ein Flecken, bestehend aus den Dörfern Groß- und Kleinflecken. 1127 gründete der in Hameln geborene Mönch Vicelin das Augustiner Chorherrenstift „Novum Monasterium". Von ihm leitet sich der heutige Ortsname ab.
Der Tatkraft Vicelins ist es zu verdanken, dass ab 1143 von „Novum Monasterium" aus entscheidende Impulse für die Missionierung des slawischen Wa-

Großflecken, Neumünster

grien – entspricht einem Teil des heutigen Ostholstein – ausgingen.
1327/28 wird das Chorherrenstift ins zwölf Kilometer nördlich liegende Bordesholm verlegt.
Wichtige Voraussetzungen für die spätere Rolle Neumünsters als Verkehrsknotenpunkt gehen bis ins Mittelalter zurück: Die Lage an den bedeu-

Rathaus Neumünster

Vicelinkirche

tensten Wegen in Nord-Süd - und Ost-West-Richtung des Landes begünstigte den Standort von Märkten und die Entwicklung der Stadt.
Neumünster erhielt 1870 das Stadtrecht, nachdem sie sich im Zuge der industriellen Revolution zum wichtigen Standort der Textil- und Lederindustrie entwickelte. Im Oktober 2007 wurde das Museum Tuch und Technik eröffnet, das diese Geschichte Neumünsters zum damaligen 'Manchester des Nordens' aufzeigt. ●



# Kleine Verkehrsgeschichte des 19. Jahrhunderts

Um 1830 wurden in Schleswig und Holstein – damals Teile des dänischen Gesamtstaates – die ersten Chausseen gebaut; eine der ersten ist die von Kiel über Neumünster und Bad Bramstedt nach Altona verlaufende. Weitere Chausseen im Zuge des Ochsenweges verbanden Flensburg, Schleswig, Rendsburg und Neumünster.

Bei Bad Bramstedt führt die via regia durch einen Kratt

Auf den Chausseen konnten, obwohl diese länger waren als die alten Straßen, die Wege schneller zurückgelegt und durch den stabileren Unterbau und die glattere Oberfläche eine höhere Last transportiert werden. 1844 baute man die erste Eisenbahn-Strecke in Holstein von Kiel nach Altona. Beide gehörten damals zu den wichtigsten dänischen Häfen. Die Eisenbahn wurde rasch zum bedeutenden Transportmittel. 1845 nahm man die in Neumünster abzweigende Strecke nach Rendsburg in Betrieb. Im Herzogtum Schleswig verlief die erste Bahntrasse von Flensburg nach Tönning, eine Anbindung an die Kiel - Altonaer Strecke bestand zunächst nicht. 1854 wurde diese mit einem Abzweig von Ohrstedt nach Büdelsdorf bei Rendsburg hergestellt. Erst mit der Einverleibung Schleswigs und Holsteins in Preußen knüpfte die Eisenbahn wieder an die schon durch den Ochsenweg vorgezeigte Verkehrsachse an.

Alte, mehrstämmige Kratteiche

## Was ist ein Kratt?

Kratts oder Niederwälder sind Zeugen alter planmäßiger Wald-Bewirtschaftung. Besonders nach der Agrarreform um 1770, als die Bauern zum Ausgleich des Verlustes ihrer Nutzungsrechte am „allgemeinen“ Wald eigene Waldflächen erhielten, wurden viele dieser „Bauernwälder“ als Kratt bewirtschaftet. Darüber hinaus dienten sie als Viehweide. Kratts wurde, in Abständen von zehn bis 25 Jahren, Holz entnommen. Dies geschah, indem man die Bäume kurz über dem Boden abschlug. Danach trieben sie bis zum nächsten „Hieb“ wieder aus. Bei einer solchen Nutzung erreichte der Kratt nur Höhen von zwei bis drei Metern, und die einzelnen Bäume bekamen einen krüppeligen, krummen Wuchs. Beispiele ehemaliger Krattgehölze finden sich nördlich von Bad Bramstedt. ●

## Der historische Ochsenweg

In Richtung Bad Bramstedt läuft der Ochsenweg über Brokenland, Wiemersdorf und Fuhlendorf. Die „via regia“ führte über Großenaspe. In und bei Bad Bramsted befanden sich Furten der Bramau und der Hudau. Nach Süden folgte der alte Fernweg dem Lauf von Hudau und Ohlau.

# Bad Bramstedt – aus der Not eine Tugend gemacht

Der Name Bramstedt bezieht sich auf die Bramau, einem kleinen Flusslauf, und bedeutet „Ort an der Bramau." Seit 1530 ist ein lebhafter Handel mit Ochsen belegt. Man kann sogar sagen, dass der Ort mehr oder minder um den Marktplatz herum gewachsen ist. Die an sich günstige Verkehrslage des Ortes geht im 19. Jahrhundert verloren. Beim Bau der Eisenbahn geht Bramstedt zunächst leer aus.

Die verkehrstechnischen Versäumnisse hätten Bramstedt unweigerlich in die wirtschaftliche Bedeutungslosigkeit geführt, wäre da nicht in den 1880er Jahren die Entdeckung einer Solquelle gewesen. 1910 erhielt Bramstedt das Prädikat „Bad". Seine ruhige, von größeren Verkehrsströmen unbehelligte Lage wurde so zu einem Standortvorteil, der Bad Bramstedt zu einem der beliebtesten Kurorte des Landes werden ließ. ●

Bleek mit Roland

Friedrichsbrücke



## Ochsen auf Wanderschaft

Wir wollen uns einmal der Ochsentrift selbst zuwenden. Wie umfangreich war also eine Herde, wie lange war man unterwegs, wie viele Treiber brauchte man? Eine wichtige Quelle zur Beantwortung dieser Fragen sind erhaltene Rechnungsbücher sowie Listen alter Zollstellen. Sehr unterschiedlich sind die Angaben zur Herdengröße. Üblich waren bis zu 50 Ochsen, wobei es auch Herden mit bis zu 1.000 Ochsen gegeben hat. Die Anzahl der Treiber hing natürlich von der Herdengröße ab. Auf 50 Tiere, kamen etwa drei bis vier Treiber.

## Der historische Ochsenweg

Der Ochsenweg verlief südlich von Bad Bramstedt im Osten der B4. Bei Lentföhrden zweigte der Triftweg von einer nach Hamburg verlaufenden Trasse ab. Der Wegelauf zwischen Lentföhrden und der Umgebung von Barmstedt über einst ausgedehnte Heideflächen ist heute kaum noch nachvollziehbar. Grabhügel-Zeilen in der Umgebung von Langeln scheinen auf alte Wegezüge hinzuweisen.

Darstellung einer Ochsentrift

Die Geschwindigkeit einer Ochsentrift lag deutlich unter der eines Fußgängers, für dieselbe Strecke brauchte eine Herde etwa dreimal so lange.
Eine Trift war anstrengend. Nicht nur die Treiber hatten entbehrungsreiche Tage zu überstehen, auch den Tieren ging es arg an die Substanz. Sie verloren auf der Trift zuweilen bis zu 100 Kilo Gewicht. ●

Am Wegesrand: Schwebfliege besucht Wegwarte

# Bäume als Zeugen früherer Jahrhunderte

Natürliche Wälder setzen sich überwiegend aus langlebigen Baumarten, deren Alter mehr als 400 Jahre erreichen kann, zusammen. Hierzu gehören Eiche, Buche, Spitz- und Bergahorn und die Linde. Von diesen kommen der Eiche und der Buche die größte Bedeutung im Lande zu: Während die Eiche überwiegend den Eichen-Birken-Wald auf den sandigen Böden der

Versteinerte Sumpfzypresse, 27 Millionen Jahre alt, Arboretum Ellerhoop

Eine auffallend mächtige Hainbuche. Sie wird selten dicker als 50 cm und älter als 150 Jahre.

Durch die Nutzung als Kopfbaum entstehen Baumhöhlen im Stamm. Hier bauen Hornissen ihr Papiernest.

Geest bildet, bevorzugt die Buche die nährstoffreichen Böden und ist daher eher im Östlichen Hügelland zu Hause.

In neuerer Zeit ist die Linde zum wichtigsten straßenbegleitenden Baum in Schleswig-Holstein geworden. Ihr weiches Holz eignet sich vorzüglich

## Der historische Ochsenweg

Der alte Fernweg ist bei Ellerhoop und Tornesch durch den Verlauf der Straße nach Uetersen beschrieben. Der nordöstliche Anschluss ist hingegen vage. Spuren fanden sich noch vor wenigen Jahren im Heidegebiet östlich Barmstedts. Von dort ist eine Fortsetzung des Weges über Bevern und/oder Hemdingen denkbar.

zum künstlerischen Gebrauch, so z.B. für Schnitzereien (Altäre).

Zur alten bäuerlichen Kulturlandschaft gehören im Bereich von Feuchtgebieten und in Flusstälern Weiden, hier vor allen Dingen die Kopfweiden. Die Bäume wurden regelmäßig zurück geschnitten und die immer wieder neu austreibenden Äste, extrem biegsame Weidenruten, im bäuerlichen Betrieb oder um Handwerk verwendet. ●

Rantzauer See

Redder



# Von Wegedünen und Reddern

Zwischen Spannan und Legan stoßen wir auf eine eindrucksvolle Wegedüne, die noch heute über eine viele hundert Meter lange Strecke bis zu 5 m Höhe aufweist. In den letzten Jahrzehnten haben sich hier Eiche, Faul-

baum und Birke angesiedelt und die Düne festgelegt. Wegedünen entstanden, wo die Pflanzendecke zerstört wurde und der leichte, lockere Sand wieder in Bewegung geriet. So kam es zu lokalen Sandaufwehungen entlang der Wege, nachdem diese von Tausenden von Ochsen aufgewühlt worden waren.
Redder ist der landesübliche Ausdruck für einen zwischen Hecken, bzw. Knicks verlaufenden Weg. Ein anderer Begriff dafür ist „Doppelknick".
Auch der Redder ist ein Resultat der Agrarreform des 18. Jahrhunderts und entstand im Zuge der Verkoppelung.

### Der historische Ochsenweg

Südlich des Jevenstedter Wegekreuzes erinnert der Lauf der B 77 an die West-Trasse des Ochsenweges. Besonders deren nördlicher Teil kennt gut erhaltene Wegezüge. Nördlich von Remmels verzeichnet die archäologische Landesaufnahme alte Wegespuren, südlich gibt der „Posthof" einen Hinweis auf den Fernweg.

Doppelknicks haben eine große Bedeutung für die Tier- und Pflanzenwelt. In ihnen herrschen ideale Bedingungen für ein reiches Kleintier-Leben. ●



## Der „Jahrsdorfer Balken"

Dieser eigentümliche Name bezeichnet eine Gemarkung östlich des Ortes Jahrsdorf, deren Kennzeichen das einstige Wegekreuz von Ochsenweg und „Lübscher Trade" ist. Ferner finden sich hier ein bronzezeitliches Gräberfeld und eine mittelalterliche Tingstätte, das sog. Goding.

### Die „Lübsche Trade"

Die „Lübsche Trade" war bis zur Mitte des 16. Jahrhunderts eine bedeutende Ost-West-Verbindung

Hasel mit männlichen Blüten (Kätzchen) und weiblichen Blüten (Knopsen mit rotem Narbenbüschel) an einem Zweig

Hügelgräber, durch Aufforstung kaum zu erkennen

von Lübeck über Segeberg und Neumünster nach Dithmarschen. Von ihr finden sich heute kaum noch Spuren. Der Archäologe Karl Kersten hatte aber in den 30er Jahren noch zahlreiche Fahrspuren der Trade sichten können. Seiner Meinung nach könnte der Weg schon in vorgeschichtlicher Zeit bestanden haben.

## Das Goding und das bronzezeitliche Hügelgräberfeld

Am Wegekreuz befand sich der Hauptthingplatz Westholsteins, das sog. Goding (vermutlich von Gau-Thing). Das Thing ist aus dem Mittelalter durch einige Prozesse und Gerichtsverhandlungen bekannt. Heute markieren zwei große Steinkreise die ehemalige Gerichtsstätte. Für Thingplätze ist die Lage an alten Verkehrsknotenpunkten charakteristisch. Auch die Verbindung zu einem vorzeitlichen Hügelgräberfeld scheint für viele Stätten obligato risch. Vermutlich nutzte man die Grabhügel in späterer Zeit wegen ihrer markanten Geländeposition als eine Art Wegweiser.
Bemerkenswert an den Grabhügeln des Jahrsdorter Balkens ist ihre Konzentration: In nur wenigen Metern Abstand finden sich ca. 50 Hügel. Abmessungen und Anzahl der Hügel sprechen für ein Gräberfeld der älteren Bronzezeit (1.700 - 1.000 v. Chr.). ●

### Der historische Ochsenweg

Wiederum stellt die B 77 einen Anhaltspunkt für den westlichen Ochsenwegstrang dar. Südlich von Hohenwestedt und nördlich von „Hungriger Wolf" dürfte es parallele Trassen gegeben haben. Authentische Wegespuren finden sich östlich von Jahrsdorf und im Holsteiner Wald, nordwestlich von Hohenlockstedt.

Heimatmuseum

# Fensterplätze der Erdgeschichte in Holstein

Nur an wenigen Stellen des Landes stoßen wir auf Gesteine, die bereits vor der Eiszeit am Ort lagen. Ursache dafür, dass Gesteine des Erdaltertums und des Erdmittelalters die jungen eiszeitlichen Ablagerungen durchragen, ist ein Vorgang, den wir Salztektonik nennen.

Im jüngeren Erdaltertum bedeckte ein Meer unseren Raum. Ein trockenes, heißes Klima sorgte für hohe Verdunstung, zurück blieb das im Wasser gelöste Salz. Die entstandenen Steinsalz-Lagerstätten wurden später von anderen Schichten bedeckt. Der Auflagerungsdruck dieses Deckgebirges und die dadurch bedingte Temperaturerhöhung haben das

Kreidegrube Lägerdorf

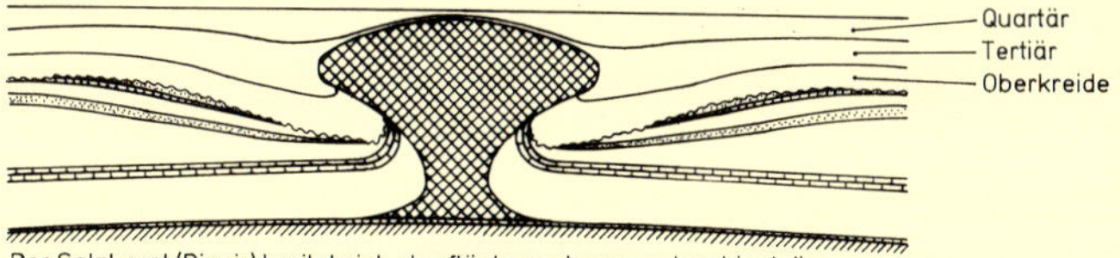


Der Salzkarst (Diapir) breitet sich oberflächennah aus und verbiegt die Deckschichten (Tertiär und Quartär: seit 65 Mio. Jahren)

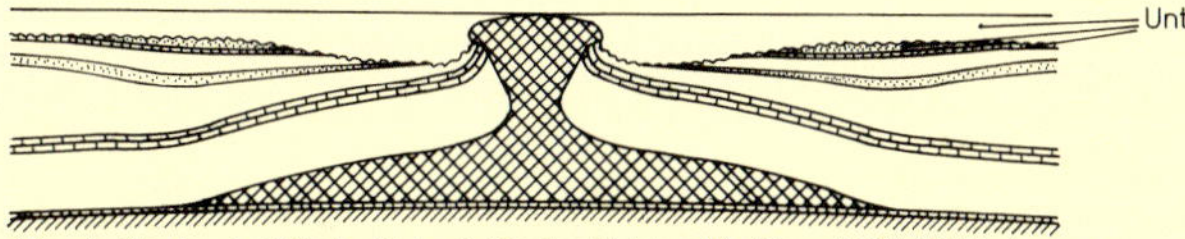


Wie ein Pilz durchstößt das Salz die Deckschichten (Kreidezeit: 138-65 Mio.) von heute

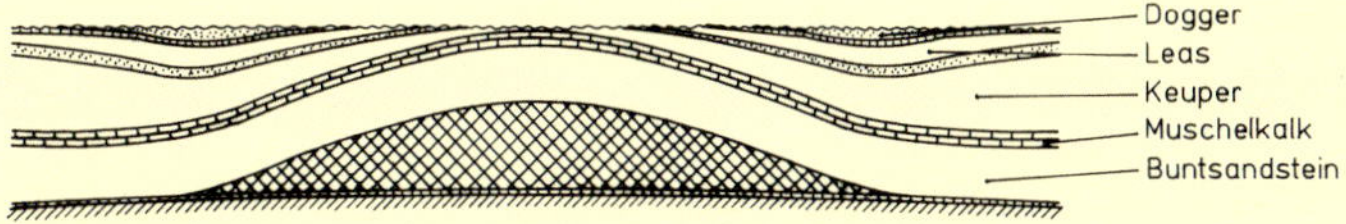


Der Auflagerungsdruck macht das Salz mobil es wölbt sich auf und drückt das Deckgebirge hoch!

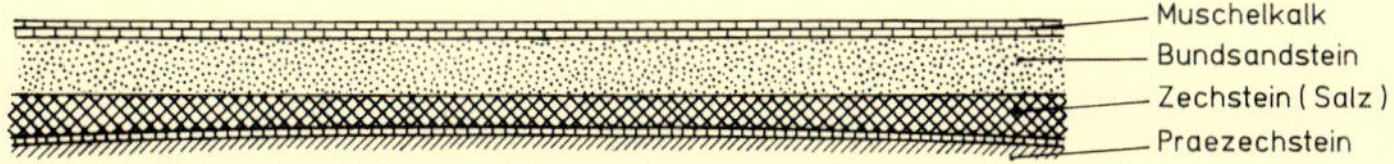


Das Zechsteinsalz wird in der Trias (248-213 Mio. J. von heute) mit Sedimenten bedeckt.
Schema des Entstehens eines Salzkarstes verändert nach Sannemann u.a. 1957 aus Gripp 1965

spezifisch leichte Gestein plastisch und mobil gemacht, so dass es an Schwächezonen in die Erdkruste aufstieg. Ein Teil des Deckgebirges wurde dabei zur Seite gedrückt, ein Teil über die Oberfläche hinausgeschoben (Abb.).
Wo die Salzhorste besonders weit empor gedrückt worden sind, wurden die jüngeren Deckschichten im Laufe der Zeit abgetragen. Der Radfernwanderweg führt an zwei solcher Stellen vorbei, die einen Ausflug wert sind: Die Liether Grube und das Gebiet um Lägerdorf. ●

Storchennest am Weg (Moordorf)

Marschlandschaft bei Itzehoe mit Kopfweiden

Kartenblatt F

# Itzehoe – Zukunft durch die Eisenbahn

Entscheidend für die Entwicklung des Ortes war die Lage an einem alten Verkehrsknotenpunkt: Hier traf sich „unser" über Rendsburg kommender Ochsenweg mit einem westlichen Ochsenweg und einer Ost-West-Trasse. Zudem stieß die Stör als schiffbarer Wasserweg hier auf die Landwege.
Itzehoe besaß schon im Mittelalter einen bedeutenden Ochsenhandel. Angeboten wurde vor allem Vieh aus Jütland, das auf den Weiden der umgebenden Marschen „fett" gemästet wurde, um dann nach Hamburg verkauft zu werden.
Nachdem Itzehoe die Anbindung an das neue Eisenbahnnetz zunächst „verschlafen" hatte, wahrte es sich mit den Chausseen nach Rendsburg und Elmshorn, der Dampfschifffahrt auf der Stör und schließlich mit dem Eisenbahnanschluss 1857 doch noch seine Rolle als regionaler Verkehrsknotenpunkt. ●

Störschleife bei Itzehoe

„Sonnentau" fängt mit seinen klebrigen, rotgeränderten Blättern Insekten. Damit gleicht er den Nährstoffmangel im Hochmoor aus. In der Mitte ein sehr seltener Bärlapp.

Kartenblätter 29-30

# Hochmoore

Die Entstehung unserer Hochmoore hat vor 7.000 Jahren begonnen. An der Oberfläche wechseln nasse Senken mit kleinen Erhebungen, sog. Bulten. Auf ihnen siedeln sich Trockenheit vertragende Pflanzen an. In den Senken wächst das Torfmoos. Torfmoose sind an den Stämmchen und Blättern mit zahlreichen Wasserzellen, die sich wie ein Schwamm vollsaugen können, ausgestattet. Ihre Sprossen wachsen ständig nach oben, während die unteren Pflanzenteile aus Lichtmangel absterben und Torf bilden. Mit zunehmender Holzknappheit wurde Torf als Brennmaterial verwandt. Heute beträgt der Flächenanteil der Hochmoore in Schleswig-Holstein nur noch 10% von einst. Wegen ihrer ökologischen Bedeutung stehen alle Moore seit Jahrzehnten unter Naturschutz. Dennoch werden einige zur Gewinnung von Garten-Torf abgebaut. ●

Adonislibelle auf einem „Sumpfblutauge"

Alter Kanal, hauptsächlich für die Zementindustrie angelegt

## Der historische Ochsenweg

Auf der Strecke zwischen Itzehoe und Elmshorn gab es für den Ochsenweg kritische Passagen in Form ausgedehnter Niederungsgebiete. Ab Horst nutzte er die gegenüber der Marsch höher gelegenen Geestinseln, etwa im Verlauf der heutigen Straße nach Elmshorn.

## Der historische Ochsenweg

Nach der Krückau-Furt im Stadtgebiet von Elmshorn führte der Ochsenweg unmittelbar am westlichen Rande der Geest entlang. In Uetersen vereinigten sich beide Stränge des mittleren Landweges - „unseres“ Ochsenweges-, um nach der Pinnau-Furt am südlichen Ortsrand wiederum dem Geestrand zu folgen.

# Die Elbmarschen – Viehweiden vor den Toren Hamburgs

Marschen sind feinkörnige Meeres- oder Flussablagerungen mit hoher Nährstoff- und Wasserkapazität. Sie bilden die jüngsten Landschaftseinheiten Schleswig-Holsteins.

Schon im Mittelalter begann man in den Elbmarschen mit Eindeichungen. Sie ermöglichten erst eine Besiedlung dieser Gebiete.

Die Böden der Marschen sind sehr nährstoffreich,

Fette Marschweiden mit Kopfbäumen

lassen aber aufgrund des hohen Grundwasserstands häufig nur die Grünlandnutzung zu. Damit eigneten sich die Marschen vorzüglich zur Mast, bzw. zur „Fettweide.“ Angesichts der hohen Qualität des Grases reichte es meist aus, wenn die auf der Frühjahrstrift abgemagerten Ochsen hier bis zum Herbst weideten. Danach konnten sie als Mastochsen auf die Märkte getrieben werden. ●

Liether Grube

Tausendgüldenkraut mit Schwebfliege

# Elmshorn - „Das Fell über die Ohren ziehen ..."

Wie Neumünster wurde auch Elmshorn erst 1870 Stadt. Vorher war es nicht mehr als ein Flecken, wenngleich wegen seiner günstigen, zwischen Geest und Elbmarsch vermittelnden Verkehrslage von einiger Bedeutung. Im Laufe der Zeit bekam der Ort Marktfunktion. Große Bedeutung erlangte Elmshorn in der frühen Neuzeit jedoch als Schuhmacherstadt. Für die Schuhe brauchte man Leder. Leder gewann man durch das Gerben von Tierhäuten und Tierhäute gewann man, indem man dem Schlachtvieh „das Fell über die Ohren zog."

Da das Gerben nicht nur ein recht langwieriger Prozess, sondern auch ausgesprochen geruchsbelästigend ist, waren Gerber in den Städten nicht sonderlich beliebt. Wer sich einen Eindruck von den beim Gerben entstehenden Gerüchen verschaffen möchte, kann dies im Elmshorner Industrie-Museum tun. ●

Mercatorhaus, auch „Krämersches Haus" genannt

Klosterkirche in Uetersen

# Uetersen oder „zum Äußersten"?

Viele werden sich schon gefragt haben, was der Name Uetersen wohl bedeuten möge. Es scheint sich hierbei um eine Verballhornung des niederdeutschen Wortes für „außen" zu handeln, und in der Tat macht dieser Name dann Sinn, wenn man sich einmal die Lage des Ortes vor Augen führt: Uetersen befindet sich auf einem weit in die Seestermüher Marsch vorspringenden Geestkern, es liegt also sowohl am äußersten Geest-, als auch Marschrand. Zudem ist das Flüsschen Pinnau, an dem der Ort liegt, von der Elbe bis hierher schiffbar. So gesehen gibt es viele Gründe, die Lage des Ortes als extrem zu empfinden, so wie der Name es vermittelt. Auch vereinigen sich in Uetersen wieder beide durch Holstein führenden Haupttrassen des Ochsenweges. ●

Rosarium mit See

Weiter Blick über die Marsch



# Die Fähren

Die Südgrenze der Halbinsel Jütlands und Schleswig-Holsteins ist der Elbe-Strom. An seinen Nordufern waren die Reisen und Ochsentriften zu Ende. Eine Fortsetzung des Weges in Richtung Süden konnte stattfinden, wenn man den Flusslauf querte. Vor der Errichtung der Elbbrücken und des Elbtunnels in Hamburg war man auf Fähren angewiesen.

Die drei wichtigsten Elbfähren waren die von Wedel, Blankenese und Zollenspieker. Die Konkurrenz zwischen den Fähren war enorm, was zu zahlreichen Auseinandersetzungen zwischen den Hansestädten Hamburg und Lübeck und den Schauenburgern führte, denn die Wedeler und die Blankeneser Fähren gehörten im Mittelalter den Schauenburger Grafen, Zollenspieker gehörte dagegen den Hansestädten Hamburg und Lübeck.

Besonders farbenprächtig, der Sandläufer

Rast in den Holmer Sandbergen

## Der historische Ochsenweg

Der Ochsenweg von Uetersen nach Wedel orientierte sich am Geestrand, etwa dem Verlauf der heutigen Landstraße entsprechend. Nördlich und südlich der Holmer Sandberge durchmaß er ein Niederungsgebiet mit Furten. Wedel ist der Endpunkt des Ochsenweges.

# Wedel und sein Ochsenmarkt

Wegen seiner Lage am Geestrand Schleswig-Holsteins ist Wedel seit dem 15. Jahrhundert als Fähr- und Marktort geradezu prädestiniert. Für den Landesherrn, den Schauenburger Grafen, war der Wedeler Ochsenmarkt ein einträgliches Geschäft, denn selbstverständlich sicherte er sich die Einnahmen aus Zoll und Fährbetrieb.
Unübersehbares Zeichen des Wedeler Ochsenmarktes und Symbol seiner Marktgerechtigkeit ist die 4,60 m hohe Roland-Figur. Deren hervorstechendste Merkmale sind Rüstung, Krone, Reichsapfel und Schwert, alles Insignien der weltlichen Macht. Unter einem Roland geschlossene Verträge – man sprach früher von „Contracten" – wurden nicht aufgeschrieben. Ausdruck des Vertragsabschlusses war der Handschlag, genauso wie er auch heute noch auf Vieh- und Pferdemarkten den Handel besiegelt.

Ochsenmarkt um 6 Uhr früh

Reepschlägerhaus

Weißer Kerbel, gelber Ginster und rote Pechnelke in einem bunt blühenden Wegerand am Knick

## Natur am Wegesrand

Moderne Landwirtschaft duldet keine Wildpflanzen. Sie werden daher in Knickränder, Feldraine, Wegsäume und Grabenböschungen abgedrängt. In diesen als „Saumbiotope" bezeichneten Randstreifen stellen sich ab einer Breite von 4 bis 5 m natürliche Lebensgemeinschaften ein. Bei guter Feuchtigkeits- und Nährstoffversorgung wachsen Hochstauden wie Schafgarbe, Brennnessel, Rainfarn und Beifuß, an denen jeweils 60 pflanzenfressende Tierarten leben können.

Damit die Lebensgemeinschaften ausdauernd und vielseitig sind, muss man die Säume verwildern lassen. So entstehen schmale, langgestreckte Wiesen, Trockengrasfluren, Heiden oder Hochstaudenfluren. Ihnen gemeinsam ist ihr Blütenreichtum, von dem die ganze Landschaft profitiert, in der ansonsten ein Mangel an Wildblüten herrscht. ●

Frauenflachs mit einem Zitronenfalter. In Ruhe stellung wirken seine Flügel wie eine Blattoberfläche

Hauhechelbläuling und Feuerfalter auf Rainfarn

Lautes Zwitschern: Großes Heupferd

Eine parasitische Schlupfwespe sucht mit langem Legerbohrer nach im Totholz verborgenem Wirt für ihren Nachwuchs.

Eine Wildbiene verschließt ihre Bruthöhle mit Lehm, um ihren Nachwuchs vor dererlei Nachstellungen zu schützen.

# Was ist ein Großsteingrab?

Großsteingräber – auch „Megalithgräber" (griech; mega = groß, lithos = Stein) genannt – sind die imposantesten Zeugen der Jungsteinzeit. Wie der Name sagt, sind Großsteingräber aus großen, oft tonnenschweren Steinen errichtete Grabstätten. In Schleswig-Holstein treten zwei Formen auf, der „Dolmen" und das „Ganggrab," wobei Dolmen tendenziell älter und kleiner sind. Das Wort Dolmen ist bretonischen Ursprungs und heißt „Steintisch". Dolmenkammern gibt es in Simondys, Helligbek und Schuby-Kroy . Die sog. „Idstedter Räuberhöhle" ist das einzig erhaltene „Ganggrab"am Ochsenweg.

Großsteingräber wurden von ihren Erbauern mit Boden überhügelt und mit Findlingen eingefasst. Eine typische Hügelform ist das sog. Lang- oder Riesenbett. Gute Beispiele finden wir in Simondys und Munkwolstrup.

# Hotels und Gasthöfe am Ochsenweg

Hier finden Sie für Ihren Fahrradurlaub die Kontaktadressen von Übernachtungsbetrieben entlang des Ochsenweges

**Hotel Senator Marina** ***
Hafenstraße 28, 22880 Wedel, Tel. 0 41 03/80 77- 0
www.hotel-senator-marina.de, info@hotel-senator-marina.de

**Hotel-Pension Wedel Röhrig KG** ***
Pinneberger Straße 69, 22880 Wedel, Tel. 0 41 03/9 13 60
www.hotel-pension-wedel.de, roehrig@unser-wedel.de

**Haselauer Landhaus**
Dorfstraße 10, 25489 Haselau, Tel. 0 41 22/9 87 10
www.haselauer-landhaus.de, haselauerlandhaus@t-online.de

**Ladiges Gasthof**
Hauptstraße 14, 25488 Holm, Tel. 0 41 03/9 30 70
www.ladigesgasthof.de, info@ladigesgasthof.de

**Hotel Restaurant Holsteiner Hof**
Großer Ring 51, 25492 Heist, Tel. 0 41 22/8 11 21
www.holsteinerhof-heist.de

**Parkhotel Rosarium** ****
Berliner Straße 10, 25436 Uetersen, Tel. 0 41 22/9 21 80
www.parkhotel-rosarium.de, info@parkhotel-rosarium.de

**Hotel & Café Schwarz**
Breitenburger Straße 10-16,
25524 Itzehoe, Tel.0 48 21/29 87

**Ferienhof Möller** ***
Schmalfelder Straße 25, 24632 Lentföhrden, Tel. 0 41 92/63 19
www.ferienhofmoeller.de, moeller1965@versanet.de

**Hotel Tanneneck**
Birkenweg 28, 24576 Bad Bramstedt, Tel. 0 41 92/50 00 – 0
www.hotel-tanneneck.com, info@hotel-tanneneck.com

**Hotel Happy**
Bleeck 7, 24576 Bad Bramstedt, Tel. 0 41 92/14 38
www.hotelhappy.de, info@hotelhappy.de

**Hotel Gutsmann** ****
Birkenweg 14, 24576 Bad Bramstedt, Tel. 0 41 92/50 80
www.gutsmann.de, info@gutsmann.de

**Mercure Hotel Köhlerhof** ****
Am Köhlerhof 4, 24576 Bad Bramstedt, Tel. 0 41 92/50 50
www.hotel-koehlerhof.de, sales@hotel-koehlerhof.de

**Kiek In**
Gartenstraße 32, 24534 Neumünster, Tel. 0 43 21/41 99 60
www.kiek-in-nms.de, info@kiek-in-nms.de

**Best Western Hotel Prisma** ***
Max-Johannsen-Brücke 1, 24537 Neumünster, Tel. 0 43 21/90 40
www.hotel-prisma.bestwestern.de, info@hotel-prisma.bestwestern.de

**Neues Parkhotel** ***
Parkstraße 27-29, 24534 Neumünster, Tel. 0 43 21/94 06
www.neues-parkhotel.de, info@neues-parkhotel.de

**Hotel Kirchspiels Gasthaus** ***
Große Mühlenstraße 9, 24589 Nortorf, Tel. 0 43 92/2 02 80
www.kirchspiels-gasthaus.de, karsten.heeschen@t-online.de

**Historisches Landhaus** ***
Spannan 12, 24808 Jevenstedt/Spannan, Tel. 0 48 75/3 01
www.spannan.de, info@spannan.de

**Café und Pension Möllhagen** ***
Möllhagen 5, 24589 Schülp bei Nortorf, Tel. 0 43 92/91 7 60
www.moellhagen.de, moellhagen@t-online.de

**Hotel Deutsche Eiche**
Herrenstraße 12, 24768 Rendsburg, Tel. 0 43 31/5 80 20
www.hotel-deutscheeiche.de

**DEULA Schleswig-Holstein GmbH**
Am Kamp 13, 24768 Rendsburg
Tel. 0 43 31/84 79 10

**Historisches Hotel Pelli Hof**
Materialhofstraße 1, 24768 Rendsburg, Tel. 0 43 31/2 22 16
www.pelli-hof.de, info@pelli-hof.de

**Hotel und Restaurant Schützenheim am Kanal**
Itzehoer Chaussee 2, 24784 Westerrönfeld/Rendsburg
Tel. 0 43 31/8 90 41, www.hotel-schuetzenheim.de

**ConventGarten Betriebs GmbH & Co KG** ***
Hindenburgstraße 38-42, 24768 Rendsburg, Tel. 0 43 31/5 90 50
www.conventgarten.de, info@conventgarten.de

**Nordkolleg Rendsburg**
Am Gerhardshain 44, 24768 Rendsburg, Tel. 0 43 31/14 38 0
www.nordkolleg.de, info@nordkolleg.de

**Hotel Wikingerhof GmbH & Co KG**
Tetenhusener Chaussee 1, 24848 Kropp, Tel. 0 46 24/7 00
www.wikingerhof.de, info@wikingerhof.de

**Hotel Hohenzollern** ***
Moltkestraße 41, 24837 Schleswig, Tel. 0 46 21/90 60
www.hotel-hohenzollern.de, info@hotel-hohenzollern.de

**Landgasthof Hotel zum Norden**
Bundesstrasse 29, 24878 Jagel bei Schleswig
Tel.0 46 24/8 07 87, www.zum-norden.de

**Pension Petersen**
Röhmke 5, 24879 Idstedt, Tel. 0 46 25/18 11 58
pension-petersen@arcor.de

**Romantik Hotel „Historischer Krug"** ****
Grazer Platz 1, 24988 Oeversee, Tel. 0 46 30/94 00
www.historischer-krug.de, info@historischer-krug.de

**Ferienhof Budach** ****
Wanrainweg 50 / Büchertkolonie, 24941 Flensburg/Jarplund
Tel. 0 46 30/8 18, www.ferienhof-budach.de, pmbudach@foni.net

**Central Hotel**
Neumarkt 1, 24937 Flensburg, Tel. 04 61/8 60 00
www.central-hotel-flensburg.de, central@foni.net

**Ferienwohnungen Asbjörn Bracht** ***
Am Gymnasium 3, 24768 Rendsburg, Tel. 0 43 31/5 62 24
Mobil: 01 76/23 35 02 66, a-bracht@versanet.de

Stand: 03/2008
Die aktuelle Fassung des Flyers finden Sie unter
www.sh-binnenland.de